북미 원주민의 삶과 문화를 탐험하다

제4세계
와의

Close Encounters of the Fourth World

조우

이 책에 나오는 원주민의 시와 노래는
Brian Swann의 『Wearing the morning star: Native American song-poems』와
Neil Philip의 『Earth Always Endures: Native American Poems』에
영어로 수록된 것을 저자가 번역한 것입니다.

북미 원주민의 삶과 문화를 탐험하다

제4세계와의

Close Encounters of the Fourth World

조우

글·사진 **손승현**

지오북
GEOBOOK

문명의 희생자에서
인류의 미래가 될
제4세계인의
역사와 문화 이야기

파란 가을 하늘을 가득 담은 조그만 호수는 거울처럼 차고 맑았다. 주변 나무 색들도 가을의 마지막 시기가 다가옴을 알리고 있다. 호수 주변의 나무들을 만지며 주변을 천천히 걷는다. 어떻게 이렇게 아름다운 존재들이 끝없이 펼쳐져 있는지 경외심이 든다.

이곳은 제네시스 농장이다. 10월의 이곳은 자연의 변화가 참 아름답다. 몇 해 전 이곳을 만든 토마스 베리 신부님을 뵐 기회가 있었다. 아흔이 넘은 신부님은 조용한 노년을 보내고 계셨다. 지금은 안 계시지만 신부님이 오랜 세월 동안 여러 원고를 쓰면서 살았던 집은 조용한 숲속에 자리하고 있었다. 미국 원주민들을 만나면서 들었던 여러 생각들이 신부님의 글을 읽으면서 많은 부분 공감하게 되었다. 신부님과의 인연은 보다 많은 원주민들의 삶을 깊숙이 찾아가게 되는 계기가 되었다. 특히 인간 문명과 자연과의 화해에 관한 이분의 글을 읽으면서 원주민들의 세계, 제4세계에 대해서 다가가게 되었다.

지난 3월, 일본 대지진을 바라보며 인간의 문명이 얼마나 자연 앞에서 나약한 존재인지 새삼 깨달았다. 엄청난 파도가 대지를 덮쳐 속수무책으로 모든 것들이 허무하게 파괴되었다. 그로 인해 파괴된 핵발전소에서 상상을 초월하는 방사능이 지금도 지구의 공기를 오염시키고 있다. 생각만 해도 끔찍하다. 파괴된 핵발전소는 순전히 인간이 만들어낸 결과다. 이것은 자연의 현상이 아니다. 인간의 과학이 만들어낸 이 '불'은 한번 붙으면 30년간 꺼지지 않는 '악마의 불'이다. 일본뿐만 아니라 우리나라를 포함해 동아시아에 수십 개의 비슷한 핵발전소들이 있다. 거대한 자연재해 앞에 이것들은 오히려 인간과 지구를 위협하고 있다.

근대의 산업문명은 전 영역에서 지구 자원의 착취를 부추겼다. 자연을 산업과 연계해서 개발의 대상으로만 여긴 사람들은 개발을 진보로 여겼다. 그러나 자연을 개발할 때마다 지구의 곳곳이 오염되고 파괴되었다. 그 결과는 대처할 수 없는 위험으로 다가왔다. 이제는 더 이상 지구 자원의 개발로는 문명을 이어갈 수 없다. 어떻게 해야 인간과, 인간이 숨 쉬고 살아가야 할 지구가 함께 살아나갈 수 있을까? 어떻게 인간은 다시 자연과의 친밀함을 만들어갈 수 있을까? 이 질문에 대한 해답은 지난 8년간 북미 대륙 여러 곳의 원주민 공동체에서 함께 지내며 살았던 경험들에서 조금이나마 얻을 수 있었다.

북미의 3대 소수민족은 흑인, 히스패닉, 아시아인으로 분류된다. 원주민들은 소수민족에조차 해당되지 않아서 여전히 삶의 조건, 권리와 인권을 보장받는 데 어려움에 많다. 수백 년간의 억압과 수탈의 역사 속에서 생존마저 위협 당했던 아메리카 원주민들은 1970년대에 들어서면서 인권 회복을 위한 본격적인 운동을 시작했다. 전 세계의 원주민을 연결하는 '제4세계 운동'이 바로 그것이다. 그 동안 1, 2, 3세계에 묻혀서 주목받지 못했던 이들은 1973년 유엔에서 자신들의 정체성을 확인하고 상호 연대를 도모하고 있으며, 유엔에서는 여러 가지 정책을 개발하고 있다.

제4세계를 구분하는 세 가지 특징은 첫째 역사적으로 박탈당한 민족^{historically deprive}이고, 둘째 토지청구권^{under landclaim issues}이 결부되어 있으며, 셋째 국제사회로부터 인정받지 못했다^{internationally unrecognized}는 것이다. 민족, 국가, 제도의 희생자이며 역사적으로 가장 상처받은 집단이라고 할 수 있다. 제4세계로 분류된 민족은 6천~7천 개이고, 약 10억 명에 이른다.*

몇 주에 걸친 카누여행과 말타기 의식을 하는 원주민들은 자신의 역사와 전통을 살리고 역사의 상처를 치유하고 전통을 보전해 나가기 위한 치열한 노력을 하고 있다. 또한 카누여행은 북미 원주민들로부터 시작되어 하와이와 뉴질랜드 원주민들의 참여로 확산되고 있다.

---

* 제4세계의 개념은 현재의 세계정세를 이해하는 데 많은 도움이 된다. 우선 제1세계 속 원주민의 문제가 이해될 것이고, 코소보와 유고슬라비아의 문제는 제2세계 속의 4세계 문제로 볼 수 있으며, 소말리아와 르완다 문제는 제3세계 속의 4세계 문제로 볼 수 있고, 동티모르 문제는 제4세계 속의 3세계 문제로 변화의 과정이 보인다.

북미 원주민의 카누여행에 지구상의 제4세계인들이 모이고 있는 것이다. 이 움직임은 물길을 따라 더 먼 세상을 향해 헤쳐 나아가야 했던 인류의 절박했던 과거이자 미래다. 따라서 이 책에서는 원주민들의 다양한 활동을 통해 자연과 인간이 어떻게 소통하는지 심도 있게 살펴 볼 수 있다.

북미 원주민을 포함한 전 세계 원주민은 공통적으로 자연과의 교류와 소통을 생활화하고 있다. 문명의 강력한 힘 속에서도 그들이 믿고 생활한 방식을 많은 부분 지속하고 있다. 이들의 전통은 자연의 순환과 계절의 변화에 맞추어 이루어지고 있다. 매년 여름 라코타 수족이 행하는 선댄스는 계절의 순환에 감사하고 인간과 우주가 하나로 결합되는 가장 대표적 의식이다. 원주민의 의식은 자연과의 조화와 그 속으로의 참여 기능이 있다. 지구의 모든 생명들이 삶과 죽음을 통해 영원히 이어지듯 계절의 영원한 순환을 경배하고 이것을 위해 축제를 준비한다. 추수감사절의 의례와 나바호족의 의식 등은 인간이 지구의 중요한 일부임을 표현하는 의식들이다. 원주민의 의식들은 지구의 생태계와 인간이 다시 신뢰를 회복할 수 있는 좋은 예다. 인간의 문명이 더 이상 지구를 파괴하지 않고 그 본연의 지혜들이 지구 생태계와 조화를 이루어야 함을 보여준다. 북미에 어도비 문화를 이끌었고 거대한 건축물을 남긴 아나사지 문명을 이룩했던 원주민의 역사처럼……. 인간의 지식은 더 이상 자연을 지배하기 위한 것이 아닌 자연과의 조화를 위해 사용되어야 한다. 인간 공동체는 자연과의 화해를 위해서 나아가야 하고 자연과의 친밀감이 회복될 때 지구가 생명력이 넘치는 본래의 모습으로 돌아갈 것이다.

이 책은 착취가 아닌 조화로움 속에서 지구와 소통하는 제4세계 원주민 문화를 재조명하고 있다. 이들의 공동체는 지구생태계와 우주, 그리고 인간을 연결하는 중요한 구심점이다.

2012년 1월

손 승 현

지구는 언제나 견디고 이겨낸다

지구는
　　언제나
　　견디고 이겨낸다.

－ 만단족의 시 (상처받은얼굴의 노래)

Earth Always Endures

Earth
　　always
　　endures.

- *A poem of the Mandan (Sung by Wounded Face)*

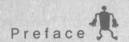

History and culture of the people of the Fourth World, victims of civilization who will become the new future of mankind

Few years ago, I had a chance to meet Father Thomas Berry. More than 90 years old Father was living a serene old age. He is not in this world anymore but the house where he spent a long time writing is still in the quiet wood. What came into my mind after coming across native Americans empathized with Father's writings when I read through them. The ties with him led me to a deeper involvement with many natives' lives. In particular, I was able to understand more about the natives' world or the Fourth World after reading his writings on the reconciliation between civilization and nature.

Last March, I have realized afresh how weak the civilization was after the tsunami in Japan. Everything on the earth was helplessly destroyed by enormous waves. Damaged nuclear power plant has been emitting inconceivable amount of radioactive substances and is polluting the world. The mere thought of it makes me shudder. It was all the fault of human beings. It was not a natural phenomena. This "fire" created by science of humans is a demonic fire that never dies out for 30 years once it is ignited. Instead, it is threatening human beings in front of terrible natural disasters.

Modern industrial civilization has instigated exploitation of natural resources in all areas. People who considered the nature as an object to develop in connection with industries thought the development was a progress. However, as they developed the nature, the earth was polluted and destroyed. How could mankind live in harmony with the nature once again? I was able to find some answers to the question after spending eight years with native American communities throughout North America.

The three major racial minority groups in the United States are African Americans, Hispanics and Asian Americans. Native Americans are not even as a minority group so they are having a lot of difficulties protecting the right to life and human rights. After hundreds of years of suppression and exploitation, native Americans initiated a movement called "Fourth World Movement" in 1970s to recover their human rights. It links all indigenous people throughout the world. In 1973, they had appealed their identity at the UN after long years behind the First, Second and Third Worlds, and various policies have been developed by the UN since then.

Natives, who go on a canoe trip for weeks and carry out a horse-riding ritual, put enormous effort to revive their history and traditions, heal wounds of history and preserve traditions. Also, the canoe trip initiated by the native North Americans is now conducted by native Hawaiians and New Zealanders. People of the Fourth World are gathering to join the canoe trip of native North Americans. Such movement is the past and future of mankind where they had to move along the waterway towards a distant world. Accordingly, readers can look in-depth into how the nature and humankind communicate through various activities of natives in this book.

Rituals of natives are good examples how the ecosystem of the earth and mankind can recover credibility once again. For this, the civilization should stop destroying the earth and be in harmony with the ecosystem. Like the history of natives who established the Anasazi civilization that left enormous structures... Humans' knowledge should not be used to control but stay in harmony with the nature. The earth can recover its original condition full of life force only when humankind reconcile and recover intimacy with the nature.

This book re-highlights the culture of people of the Fourth World who harmoniously communicates with the earth instead of exploiting it. Their community is at the center linking the ecosystem, universe and mankind.

January, 2012

Sohn Seung-hyun

Part 1

제4세계로의 초대

原원의 세계로 길을 나서다

현대 문명의 첨단을 달리는 초강대국 미국 내에서 현대 이전의 자취를 찾기는 어렵다. 심지어 수십억 년에 걸쳐 형성된 장대한 사막과 심원한 호수, 원시림으로 덮인 산맥도 문명의 길에 정복당한 지 오래다. 그러나 미국의 화려한 포장을 살짝 들추어내면 오래된 인류의 시원적 삶이 곳곳에서 펼쳐지고 있다. 문명 이전부터 공동체를 이루고 살다가 끊임없이 문명에 쫓기고 파괴당하며 미 대륙의 속살을 파고들었던 사람들. 이 사람들이 카누를 들고 미국 북서부의 올림픽 반도에 모였다. 북서태평양 1,600킬로미터에 걸쳐 있는 카누부족을 중심으로 열리는 카누여행을 위해서다. 해마다 다른 장소에서 여러 갈래의 바닷길을 쫓아 그해의 목적지로 정해진 날에 모인다. 미국뿐만 아니라 베링해, 알래스카, 하와이, 남태평양, 뉴질랜드, 호주 등 세계 곳곳의 카누부족이 여행에 동참해 장관을 이룬다. 북서태평양의 뜨거운 태양 아래 제4세계의 축제가 시작된다.

바다로부터 바람이 불어온다

바다 향기 가득한 가운데 모래 냄새 나는 물로 나는 숨을 쉰다,
그러면 거기에서 바람이 오고 온 세상 위를 덮는다.
바다 향기 가득한 가운데 모래 냄새 나는 물로 나는 숨을 쉰다,
그러면 거기에서 구름이 오고 비가 온 세상 위에 내린다.

– 파파고족의 시

올림픽 반도

시애틀에서 남쪽으로 내려와 푸제 사운드로 접어들자 아름다운 바다가 보이기 시작한다. 원주민들이 자신들보다 더 사랑했던 이 땅, 시애틀 인근의 바다 연안은 아름답다. 바다가 보이다가 사라지고 숲이 나오는가 하면 다시 바다가 펼쳐진다. 숲의 나무들이 대단히 곧고 굵으며 높게 서 있다. 올림픽 반도로 불리는 이곳은 원시림이 울창하다. 곳곳에 서 있는 나무들의 건강한 생명력이 여기저기서 뿜어져 나온다.

올림픽 반도
시애틀
워싱턴주

올림픽 반도 퀴날트 부족의 땅에서 바라본 태평양

차를 잠시 세우고 바다 절벽에 앉아서 반대편 해안을 바라본다. 절벽을 따라 바다 매가 날개를 펼치고 그 아래에서 올라오는 공기를 이용해 천천히 오르락내리락 비행하고 있다. 자동차가 거의 다니지 않아 이 세상에 혼자인 양 잠시 착각에 빠진다. 오랜만에 바람이 온몸을 스치는 기분을 만끽하고 해안 절벽의 들꽃도 만져본다. 깊은 호흡을 하면서 잊었던 감각들을 일깨운다. 여행을 할 때 좋은 장소는 누구나 자연스럽게 알 수 있다. 인간들은 오랫동안 자연 속에 살면서 본능적으로 자연과 하나로 살아왔지만 근대 산업시대 이후 도시에 살게 되면서부터 이런 감각들을 많이 잃어버렸다. 하지만 좋은 장소에 도착하면 언제나 내 몸이 가장 먼저 알아차린다.

시애틀 추장이 사랑했던 그곳

북서부에서 가장 아름다운 도시 중 하나인 시애틀은 록그룹 너바나의 고향이자 마이크로소프트, 보잉사, 스타벅스로 대표된다. 아시아인들이 많이 살고 있으며 미국적이라기보다 캐나다 도시 같은 곳, 바다와 항구가 있는 곳이자 알래스카로의 관문 역할을 했던 곳이다.

미국의 대표 도시 중 하나인 시애틀의 이름은 이 땅에 살았던 인디언 수쿠아미쉬 부족의 시애틀 대추장의 이름에서 따온 것이다. 시애틀 추장은 백인 이민자들과 처음부터 좋은 관계를 유지했고 핍박하는 백인들과 맞서는 전쟁의 길을 가지 않았다. 그는 보호구역으로 쫓겨날 위기에서도 개발되고 파헤쳐질 이 땅의 미래를 걱정하며 백인들에게 자연과 인간이 하나이고 자연의 순리대로 살아야 한다고 설득했다. 결국 인디언들은 사라졌지만 그들의 정신을 담은 도시 이름으로 남았다.

시애틀 주변에는 크고 작은 원주민 부족이 아주 많다. 올림픽 반도, 바다 건너 밴쿠버섬, 국경 근처의 룸니섬, 서부 해안 따라 알래스카까지 많은 부족들이 살고 있다. 북서태평양의 원주민은 태평양 해안 생태계와 동화된 아름다운 예술과 신화를 간직하고 있다. 이들은 자연과의 조화로움 속에서 살았고, 살아 있는 동물 등을 부족의 시조신으로 받드는 토테미즘과 애니미즘이 오래전부터 민간신앙으로 내려오고 있다. 동식물을 의인화해서 나무 조각이나 그림으로 표현해 왔는데 간결하고 상징적인 토템 문양 등은 조형적으로도 완벽해 보인다. 수천 년 전부터 이곳 원주민들은 대대로 훌륭한

북서태평양의
해안가

두 얼굴의 가면. 하이다족의 탄생신화에는 독수리와 까마귀가 나오고 고래나 물고기 등도 전설에 등장한다. 부족 연극축제인
체체카에 쓰이는 가면과 의상에도 나타난다. 가면이 닫혀 있을 때는 물고기와 그 위에 있는 갈매기가 보이고, 실이 풀리고 가면이 열리면
남자 얼굴이 나타난다. 열린 가면 안에도 동물 상징그림이 그려져 있다.

목수였다. 커다란 나무의 속을 파내고 겉을 조각해 배를 만들고 집을 만들고 일상용품 들을 만들었다. 그래서 올림픽 반도를 여행하다 보면 원주민들이 나무를 조각하는 작업장을 방문할 수 있다. 서양의 추상화가들은 원주민 예술에 감동받아 북서태평양 연안 원주민의 예술을 앞다퉈 모방하고 미술관에 소개도 하면서 외부에 알리기 시작했다. 아름다운 자연경관 속에서 이루어진 원주민 문화는 자연에의 경배와 더불어 전통이 어우러진 독창적인 문화다.

하지만 이제는 원주민 지역에서 전통적인 것만 있지는 않다. 대부분의 인디언 보호구역에서는 카지노 사업을 하고 있는데 포트 매디슨에도 큰 카지노가 있다. 카지노에 가서 이것저것 물어보았지만 부족 정부에서 운영해서인지 일반 원주민들은 자세하게

원주민 부족마다 신성하게 여기는 동식물과 자연물이 있는데 토템폴이 그 상징물이다. 바닷가에 세워져 있는 토템폴 중에는 높이가 수십 미터나 되는 것도 있다. 작은 토템폴은 집을 지탱하는 버팀목으로 사용되었고, 부족의 역사를 새기거나, 작은 구멍을 뚫어 유골을 보관하기도 했다.

알고 있지 않았다. 이런 커다란 카지노 사업장을 운영하는 비용은 부족 정부가 보호구역의 땅을 담보로 돈을 빌려 충당한다. 미국에서 원주민 개인은 은행에서 돈을 빌리기 어렵다. 민간 사업자나 재정이 괜찮은 부족 정부에게만 돈을 빌려준다.

　멀지 않은 곳의 부족 박물관에 들렀다가 바닷가에 위치한 시애틀 추장의 묘에 가보고 싶어졌다. 시애틀 추장의 묘는 카누 모양의 긴 나무 두 개로 비석 주변을 받치고 있다. 묘지를 둘러보고 절을 두 번 올린 뒤 다시 해안으로 나왔다. 하늘, 바다, 숲 그야말로 보이는 그대로다. 멀리 희미하게 시애틀 시내가 시야에 들어왔다. 시애틀 추장은 150년 전 이 자리에 서서 같은 곳을 바라보며 어떤 생각을 했을까?

상륙을
기다리는
카누가족

포트 매디슨
보호구역에 있는
시애틀 추장의 묘

되살아난 전통, 새로운 시작

　　북서태평양의 카누문화 부족들의 연례행사인 카누여행에 동참하게 되었다. 몇 해
전 평원에서 말을 타면서 만난 원주민 지도자들을 통해 해안에서도 비슷한 원주민 전
통문화를 만날 수 있는 여행지들이 있을 거라는 얘기를 들었다. 그리고 2년 전 이곳을
방문했을 때, 원주민 보호구역 여러 곳을 찾아다니며 알아보니 여름마다 카누여행이
열리는데 이곳 원주민들에게 가장 큰 연례행사라는 것을 알게 되었다. 카누여행은 이
들이 조상의 삶을 이해하고 계승하기 위한 바다 여행이다. 수쿠아미쉬, 쿨리우, 룸미,

퀸란드, 튤라립, 송희, 엘화, 코위찬, 벨라벨라, 벨라쿨라, 제임스타운, 마카…….

오랫동안 북서 연안에서 교통수단과 영적인 도구로 사용되었던 카누는 20세기에 모터보트가 등장하면서 사라졌다. 그러나 1980년대부터 북서 연안 원주민을 중심으로 카누문화를 부활시키려는 움직임이 일어났다. 1985년 하이다족* 출신 조각가 빌 리드가 박물관에 소장되어 있는 카누의 크기를 측정하고 카누를 조각했다. '루타아스'라고 불리는 이 카누는 하이다 문화의 일부가 되었다.

그리고 1986년, 한 부족에서 다른 부족으로 가는 카누여행이 시작되었다. 이 여행은 북서 연안의 원주민 부족을 하나로 뭉치게 하고 카누의 전통을 되살리는 역할 외에도 참가자들에게 여행 기간 동안 약물과 알코올을 금할 것을 요구해 결국 알코올, 약물 중독의 문제를 해결했다. 1980년대에 카누를 부활시킨 원주민의 결정은 원주민 자신들의 삶도 부활시킨 셈이 되었다.

이렇게 시작된 카누여행은 1989년 대규모 부족행사로 확대되어 '시애틀로 노 젓기 행사 Paddle to Seattle'와 벨라벨라로 이어졌다. 워싱턴주에서는 10개의 카누가 보내졌다. 첫째 날은 기본 의식이 따랐고, 둘째 날은 여자들이 춤 의식을 이끌었던 '여성의 날'이었다. 전통적인 추장들도 이를 따랐다. 셋째 날은 '젊은이의 날'로 벨라벨라의 젊은이들이 계획하여 현대식의 문화행사를 갖기로 결정했다. 이후로 20년간 카누여행은 매해 이어져 오고 있다.

1989년 첫해 카누여행은 시애틀에 도달하는 여행이었다. 첫 여행이 무사히 끝나자, 과연 그것이 가능할까 반신반의하던 원주민들도 자신감을 갖게 되었고, 소규모로 시작된 카누여행은 이때를 기점으

* 캐나다, 알래스카 서해의 섬에 사는 북미 원주민

제임스타운에서
만난 토템폴

로 큰 힘을 얻게 되었다. 이 소식이 수십 개 원주민 공동체에 알려지면서 이들은 매년 연례행사로 여행을 계획했다. 북서태평양 해안에 사는 100여 부족 중 60여 부족 이상이 카누여행에 참여하며 2009년엔 멀리 하와이, 알래스카, 뉴질랜드, 남태평양 원주민도 참여했다. 열 개 이상의 부족이 서로 모여 다섯 개 정도의 다른 바닷길을 따라 여행해 오다 마지막 날 상륙해서 원주민 축제를 연다. 매년 목적지가 달라지므로 부족마다 짧게는 200킬로미터에서 길게는 300킬로미터 이상의 바닷길을 카누를 타고 노를 저어 여행한다. 원주민들은 해안의 지형과 조류를 이용해 슬기롭게 먼 바닷길을 고속도로처럼 이용한다. 남태평양의 카누부족이 남긴 바다지도는 긴 나뭇가지 네 개 사이에 지그재그로 이어진 모양이다. 어렸을 때 친구들과 놀던 사다리 타기 모양의 나뭇가지 지도인데 이것들은 바다에서의 조류와 바닷길을 표시해서 쉽게 다른 지역으로 이동할 수 있게 나타낸 것이다.

카누여행은 원주민 부족들에 의해 만들어졌지만 그들에게 큰 영향을 미치기도 했다. 그 중 올림픽 반도의 바다와 강가 사람들인 퀴날트 부족의 이야기가 인상 깊다. 퀴날트 부족의 자존감이 물결치던 1980년대 퀴날트 부족의 엠멧 올리버는 필립 마틴에게, 북서태평양의 많은 부족이 카누의 전통을 되살리려 하고 있으며 퀴날트족도 함께해야 한다고 주장하며 바다카누 제작을 제안했다. 엠멧의 제안에 필립은 공감했다. 퀴날트 부족에게는 전설을 통해 내려오던 카누 전통이 내륙 원주민의 토템폴과 같은 해안 원주민 문화만의 특징이라는 것을 알고 있었다.

역사적으로 퀴날트 부족은 크고 튼튼한 바다카누와 얕은 강에서 운용하기 편리한 가벼운 카누 두 종류를 갖고 있었다. 특히 바다카누는 부족 문화의 중심이었다. 퀴날트 부족 사람들은 풍부한 해산물에 의지하고 있었다. 해안부족들은 나무들이 꽉 들어찬 울창한 숲과 산, 깎아지른 계곡, 깊은 강 때문에 카누 없이는 번영하는 무역경제를 이룰 수 없었다. 지역 부족들의 활발한 사회활동도 카누 없이는 불가능한 것이었다.

전통적으로 조상들에 의해 훈련된 특별한 카누 제작자들은 단단하고 물에 잘 뜨며 잘 썩지 않는 웨스턴레드시다*로 바다카누를 만들었다. 이렇게 만들어진 최대 길이 15미터, 너비 2.4미터의 바다카누는 만 파운드의 생선, 물개, 고래 등을 운반할 수 있었다. 바다의 거센 파도를 견딜 수 있던 카누는 해안을 따라 북쪽의 브리티시컬럼비아 지역 등의 친척, 이웃 부족과의 무역과 방문에 이용되었다. 바다카누는 실용적일 뿐만 아니라 그 자체로 예술작품이기도 하다. 우아한 곡선으로 장식한 선미^{배 꼬리}와 노를 뽐내는 카누가 항구로 들어오는 모습은 아름답다. 그러나 전통적 고래잡이가 줄어들자 더 이상 이러한 광경을 볼 수 없게 되었다. 화물 운송을 위해 육상 통로가 건설되었고 인디언 사무국은 인디언 전통문화를 버리도록 압력을 가했다.

수천 년 간 계속해서 사용되었던 바다카누도 1940년대에는 완전히 자취를 감췄다. 다행히도 필립은 이 배들을 기억하고 있었다. 어릴 때 삼촌과 가족용 물개잡이 카

＊ 웨스턴레드시다(western red cedar)는 별도의 약품처리를 하지 않아도 습기, 부식, 병충해에 강해서 고급목재로 쓰였다. 향기가 있고 적갈색과 밝은 색의 구분이 뚜렷하다. 웨스턴레드시다의 학명은 *Thuja plicata*로 측백나무 종류이고, 비슷한 나무인 옐로우시다는 *Callitropsis nootkatensis*로 편백나무 종류다. 이곳 해안 원주민들은 이 나무들을 생명의 나무로 소중히 여겼으며 함부로 벌목하지 않고 나무껍질을 써야 할 때도 부분만 조금씩 벗겨내어 계속 자라는 데 이상이 없도록 했다. 나무는 이들 생활의 일부였고 생활에 필요한 옷과 모자, 줄 등 여러 가지를 제공했다.

누를 타고 올림픽 반도 해안을 여행하면서 많은 카누를 보았고 그때의 기억은 마음속에 여전히 남아 있었다. 필립은 가이 카포만, 셰이카 잭슨 등의 부족민들과 함께 박물관에 전시된 카누를 관찰하기 시작했고 그러던 중에 자연과 문화사 박물관의 큐레이터인 스티브 브라운을 만나게 되었다. 카누 제작방법을 알고 있었던 브라운은 타홀라로 가서 전통적인 바다카누 제작방법을 전해 주었다.

필립, 가이, 셰이키를 비롯한 부족민들은 '퀴날트 카누클럽'을 결성하고 쓰러진 700년 된 웨스턴레드시다를 두 동강 내어 말린 뒤 안쪽을 파냈다. 그리고 나서 선미와 노, 그리고 노 젓는 사람의 자리를 못 대신 50, 60개의 나무로 만든 다월을 사용해서 붙였다. 마지막으로 멋진 조각을 하고 붉은색의 페인트를 칠했다. 카누가 완성되어 가

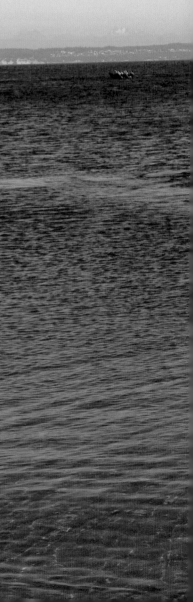

하루의 여정을
마치고 도착하는
카누가족과 맞이하는
해안부족의 어린이

자 또 다른 목표가 생겼다. 카누여행에 도전하는 것이었다.

1994년 퀴날트 부족의 바다카누 두 대가 완성되었다. '메이이[새로운 시작]'와 '소카포[늑대코트]'라고 이름 붙인 두 대의 카누는 1994년 빅토리아섬으로 가는 카누여행에 참여했다. 한 차례 난파가 있었지만 다시 카누를 타고 올림픽 반도 서쪽으로 올라간 뒤 마카를 돌아서 엘와로 들어가 동쪽으로 돌아가는 '카누길'을 택했다. 가는 길에 또 다시 험한 날씨를 맞닥뜨렸다. 3미터나 되는 파도를 무사히 넘어 항구로 돌아오자 3천 명이 넘는 사람들이 환호해 주었다. 환영 인파는 손뼉을 치며 환영의 노래를 불렀다.

이윽고 카누여행을 개최하게 된 퀴날트 부족은 온 정성을 다해 행사를 진행했다. 3일 간의 행사에서 모두 모인 부족민들은 포틀래치, 놀이, 춤을 나누었다. 부서졌던

카누 소카포는 말끔히 수리를 마쳤다. 세 번째 카누가 완성되었고, 네 번째 카누도 제작되고 있었다. 5천여 명의 사람들이 미국과 캐나다 그리고 여러 섬에서 퀴날트의 탈호아 마을로 모여들었다. 퀴날트 사람들, 연어 사람들이라도 불리는 이들을 축복하기 위해서였다. 부족민들은 퀴날트 해안으로 돌아온 카누들, 상륙허가를 위해 모여든 여러 카누들을 보며 다시 선조들의 시대로 돌아간 듯했다.

험난한 바닷길을 향해

작년에 방문한 수쿠아미쉬 부족 빌딩에 가서 여정을 확인했다. 부족 빌딩은 일주일 뒤 도착할 수천 명의 원주민들을 맞이하기 위해 분주하다. 나누어줄 정보를 확인하고 부족별 여행 도착지를 연락하고 기념품과 프로토콜 때 일할 자원봉사자를 모집하고 있었다. 일정을 확인한 뒤 서쪽 여정의 한 루트인 포트 엔젤레스로 두 시간 가량 차를 몰았다. 서쪽 바닷길 여정은 포트 엔젤레스에서 합쳐져 다시 퓨제 사운드 쪽으로 간다. 수십 개의 서로 다른 부족들이 같이 오기도 하고 따로 오기도 한다. 이렇게 중간 기착지가 있으면 모여 하루를 쉬고 다시 여정을 시작한다. 긴 카누여행의 목적지에 도달하면 각 카누 부족은 프로토콜을 한다. 올해는 이 기간이 일주일 정도 된다. 참여한 전체 부족 간에 자신들의 존재를 알리고 자신들의 문화정보를 공유하고 축하한다.

밴쿠버섬의
카누부족민

아름다운 문화, 언어, 춤, 노래를 보고 들을 수 있으며 각자의 상황을 알린다.

작은 해안가는 인근 마을의 원주민들로 축제 분위기다. 전통의상을 입은 열 명 정도의 청소년들이 북을 들고 노래를 부르며 곧 도착할 카누들을 기다리고 있다. 근처에서는 이들을 대접하고자 마을주민들이 음식을 준비하고 있다. 마을마다 이들이 도착하는 날은 축제의 날이다. 일주일 간 각기 다른 세 바닷길을 여행해온 카누들이 모이는 날이라 여러 부족민들도 속속 모여들고 있다. 카누여행은 바다에서 열 명이 움직이면 육지에서도 열 명 정도의 가족들이 차를 이용해 날마다 도착할 곳으로 움직인다. 바닷가에 가까워지니 짠 바다 내음이 코끝을 지난다. 파도는 잔잔하고 많은 해초가 해

목적지에 도착하면
기도를 올린다.

상륙을
요청하는
연설

안으로 밀려와 있다. 바닷가에 정렬한 청소년들은 노래와 몸동작을 여러 번 반복하고 있다. 전통적인 노래지만 자주 부르진 않는 것 같다. 원주민 자치구역마다 그들의 전통문화를 되살리는 움직임은 활발하지만 지난 몇 십 년간 미국정부로부터 금지당한 전통문화를 다시 되살리는 것이 쉽지는 않아 보인다. 많은 젊은이들은 어색하지만 열정적으로 참여하고 있다.

카누가 도착하기 시작하자 마을의 원주민들이 나와 환영의 노래를 부르고, 카누를 타고 온 사람들은 노래를 부르거나 북을 치면서 들어와 상륙허가를 신청한다. 이들은 하루 보통 여섯 시간에서 여덟 시간 바다에서 노를 젓는다. 무척 힘들어 보이는데도 도착할 때는 성취감으로 다들 얼굴이 환하게 밝아진다. 남자들의 어깨와 팔은 핏줄이

곤두서 있다. 힘든 바닷길을 헤쳐 나온 인간의 몸은 강하고 단단해 보인다.

해안에 배가 도착하면 같은 부족 배를 기다렸다가 같이 상륙허가를 청하지만 단독으로 여행에 참여한 카누는 홀로 상륙을 청한다. 보통 스키퍼*가 상륙허가를 신청하나 가끔 가장 어린 소년이나 소녀가 하기도 한다. 이들이 해안에 카누를 대면 마중 나온 이들 중 몇몇이 바다에 뛰어들어 뱃머리를 잡는다. 배의 대표자는 배에서 일어나 육지를 향해 상륙을 청한다.

"우리는 배고프고 무척 피곤합니다. 먹고 쉴 수 있게 상륙을 허락해 주십시오."
라고 말하자 마을의 대표는

* 소형상선이나 어선, 요트 등의 선장을 말한다.

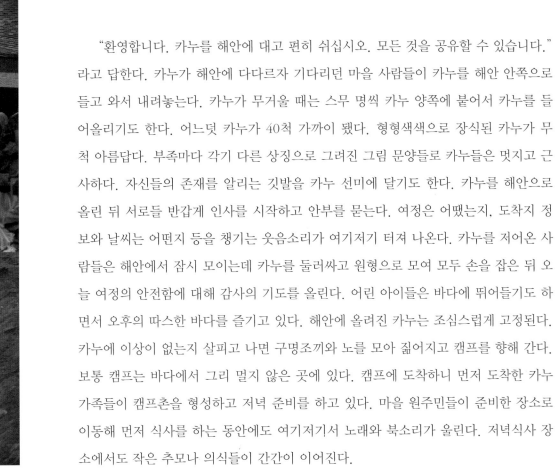

"환영합니다. 카누를 해안에 대고 편히 쉬십시오. 모든 것을 공유할 수 있습니다."
라고 답한다. 카누가 해안에 다다르자 기다리던 마을 사람들이 카누를 해안 안쪽으로
들고 와서 내려놓는다. 카누가 무거울 때는 스무 명씩 카누 양쪽에 붙어서 카누를 들
어올리기도 한다. 어느덧 카누가 40척 가까이 됐다. 형형색색으로 장식된 카누가 무
척 아름답다. 부족마다 각기 다른 상징으로 그려진 그림 문양들로 카누들은 멋지고 근
사하다. 자신들의 존재를 알리는 깃발을 카누 선미에 달기도 한다. 카누를 해안으로
올린 뒤 서로들 반갑게 인사를 시작하고 안부를 묻는다. 여정은 어땠는지, 도착지 정
보와 날씨는 어떤지 등을 챙기는 웃음소리가 여기저기 터져 나온다. 카누를 저어온 사
람들은 해안에서 잠시 모이는데 카누를 둘러싸고 원형으로 모여 모두 손을 잡은 뒤 오
늘 여정의 안전함에 대해 감사의 기도를 올린다. 어린 아이들은 바다에 뛰어들기도 하
면서 오후의 따스한 바다를 즐기고 있다. 해안에 올려진 카누는 조심스럽게 고정된다.
카누에 이상이 없는지 살피고 나면 구명조끼와 노를 모아 짊어지고 캠프를 향해 간다.
보통 캠프는 바다에서 그리 멀지 않은 곳에 있다. 캠프에 도착하니 먼저 도착한 카누
가족들이 캠프촌을 형성하고 저녁 준비를 하고 있다. 마을 원주민들이 준비한 장소로
이동해 먼저 식사를 하는 동안에도 여기저기서 노래와 북소리가 울린다. 저녁식사 장
소에서도 작은 추모나 의식들이 간간이 이어진다.

알래스카 부족의
상륙 요청 연설

    각 카누가족은 카누를 움직이는 사람들과 바다에서 카누를 지원하는 사람들, 그리고 육지에서 캠프를 옮기고 만드는 사람들로 이루어져 있다. 이 공동체는 적게는 30명에서 많게는 70, 80명에 이른다. 각각의 카누에는 어린이부터 어른까지 동승해서 어른들로부터 카누여행에 필요한 여러 가지를 배운다. 여정은 매일 배움의 연속이다. 원주민 조상들이 그러했듯이 바닷길을 가며 길을 읽어내고 난관에 부딪히면 어떻게 극복하는지를 현장학습으로 배운다. 평원 원주민의 말타기와 정신적 맥이 같다. 매일 기도하고 어려운 신체적 한계를 실험하고 이겨내고 배우면서 나아가는 것이다. 저녁 늦게는 매일 해안가에서 다시 카누를 정비한다. 저녁의 해안가는 붉은 노을빛과 어울려 순간 황홀경에 빠질 만큼 아름답다.

    아침마다 전체 아침식사를 준비하기 위해 모두 같이 일을 나누어 움직인다. 캠프를 정리하고 바다에서 먹을 점심까지 준비해야 하기 때문에 아침시간은 분주하다. 출발준비가 끝나면 전체 가족이 다시 큰 원을 이루며 모여서 기도하고 그날그날의 공지사항과 각자 하고 싶은 말을 스스럼없이 밝힌다. 때론 눈물을 흘리기도 한다.

    카누여행을 하다 보면 별별 일이 다 생긴다. 카누가 뒤집히거나 강한 조류를 만나거나 조난을 당하기도……. 지원할 보트들이 따라오기도 하지만 카누 또한 너무나 많

하루 여정을 마치고
카누를 해안으로 올린 뒤
함께 기도한다.

고 각기 출발과 도착 시간이 달라서 긴급 상황이 발생하기도 한다. 지난해에도 카누가 조류에 뒤집혀서 사람이 사망했다. 기도 중에는 카누여행 중에 죽은 이들을 애도하기도 한다. 다른 사람을 구하고 본인이 죽는 경우가 대부분이다. 멀지않은 바다에 급한 조류들이 많기 때문에 무척 위험하다. 또한 파도가 높을 때도 많아 노를 젓다가도 카누 안에 차오르는 바닷물을 퍼내야 한다.

이제부터 나는 약 일주일간 쿨리우 카누가족, 하와이 카누가족과 같이 카누를 탄다. 전날 해안에서 반갑게 만나 함께 동승하게 되었다. 쿨리우 카누가족도 이곳까지 올 때 사고가 나서 카누를 고치느라 예정대로 오지 못하고 하루를 더 쉬었단다. 라 푸쉬에서 온 쿨리우 카누가족의 대표는 미스 앤이라는 중년 여성이다. 모든 의견을 미스 앤과 그녀의 남편이 신중히 판단해서 결정하고 중재하여 알린다. 매일매일 그들의 선조들이 살았던 곳을 다시 밟으며 갈 것이다. 먼 바닷길 여행, 매일 밖으로 노 저으며 바다를 보지만 동시에 이 여행은 자신의 내면을 들여다보려고 애쓰는 여행이 될 것이다.

아침 일찍 해안을 떠나는 카누들

영매의 노래 <small>샤먼의 노래</small>

파도가 요동을 쳤다네.
그들이 연어의 노래를 부를 때,
하늘이 파도처럼 요동을 쳤다네.

그들은 하늘의 독수리를 잡아서 끌어내렸다네.
물로 가득찬 항아리 안으로,
바로 내가 있던 곳으로.
그때 아누닛섹트님께서
나를 밖으로 끌어내셨다네.

나는 시선을 던졌다네.
나의 권능의 원천이
일어선 그 순간
바로 그 장소의
한가운데에
힘이 석화된 곳에.

— 벨라쿨라족의 시

봄에게 바치는 노래

나는 나의 카약과 함께 머나먼 곳에서
눈으로는 육지를 찾고 있었다네.

여기에서 나는 눈이 아주 많이 쌓인 곳이
막 녹기 시작하는 것을 발견하였다네.

그제서야 나는 봄이 왔다는 것을 알았고
우리가 겨울을 살아남았다는 것을 알았네.

그러나 나는 나의 두 눈이 힘을 잃고 약해져서
그 모든 사랑스럽고 아름다운 것들을
다시는 못 보게 되지 않을까 두려웠다네.

– 그린란드의 구전시

카누여행

'태평양 연안, 초기 원주민 부족Pacific Coast First Nations의 전설은 사람들이 그들의 카누를 나란히 묶어놓았던 대홍수의 시대에 대하여 말한다. 물이 차오르자, 그들은 질긴 삼나무 밧줄로 그들의 카누를 산꼭대기에 묶었다. 여기서 그들은 물이 내려가기를 기다렸고 그들은 살아남았다.'

– 데이비드 닐 『위대한 카누』

아침마다 안개가 짙게 드리운다. 아마도 맑은 갠 낮 동안엔 따가운 햇살이 내리쬘 것이다. 안개 속 캠핑촌은 아주 고요하다. 안개 속을 헤치며 다녀 보니 카누여행에 참여한 원주민들의 자존감이 여기저기에서 느껴진다. 각 부족의 현수막과 깃발, 그리고 차에는 존재를 알리는 부족의 이름과 전통문양 또는 그림이 있다. 캠핑장 한쪽 공동 수도에서 어린이들이 그릇을 닦고 있다. 몇몇은 잠이 덜 깬 표정이다. 이 여행에서 하루하루의 노동량은 어린이부터 어른까지 견디기 쉽지 않다. 저녁에 잠이 들면 아침까지 한 번도 깨지 않을 정도로 몸은 힘들지만 매일 어깨와 팔이 단단해지는 걸 느낄 수 있다.

　이곳에서 특히 인상 깊은 것은 아름다운 자연풍경과 어우러진 원주민의 모습이다. 바닷가에서 만나는 구릿빛 피부의 원주민 청년들이나 삼나무 껍질로 만든 챙이 넓은 모자를 쓴 원주민들의 모습은 그림 같다. 모자는 챙이 넓어 얼굴과 목을 완전히 덮는데 아주 가볍고 공기가 잘 통하며 여러 가지 모양으로 만들어 쓸 수 있다. 삼나무 껍질을 벗겨서 만든 얇은 나무껍질을 수백 가닥 이어야 해서 모자 하나 만드는 데도 시간이 많이 걸린다. 캠프에서 저녁시간마다 모자 만드는 분들을 방문하는 것도 큰 즐거움이다. 옆에서 지켜보면 웃으면서 하나씩 설명해준다. 붉은빛을 띤 황토색보다 짙은 색인데 모자 챙 끝으로 조개껍질을 엮어서 잇거나 모자 윗부분에 바다매 깃털을 매달기도 한다. 직접 모자를 써보니 머리에 땀이 차지 않아서 좋다.

노를 저어 거센 파도를 타고

본격적인 카누여행이 시작됐다. 내가 속한 쿨리우 카누가족은 바다에 두 척의 카누를 띄운다. 그리고 합류한 하와이 카누가족의 카누까지 세 척이 같이 움직인다. 원주민 전통카누와 하와이카누를 번갈아 탈 수 있는 좋은 경험을 하게 되었다.

원주민 전통카누는 보통 열 명에서 스무 명 사이의 사람들이 탄다. 바다에서는 구령에 맞추어 노를 저어 나가는데 여기에는 누구도 예외가 없다. 가장 앞에 앉은 사람이 구령을 외치지만 돌아가며 구호를 외치기도 하고 전통민요를 부르기도 하는데 우리 농촌에서 모내기할 때 부르는 민요, 노동요를 연상시킨다. 보통 한 시간 노를 젓고 10분 정도를 쉰다. 휴식시간에는 비교적 열량이 높은 아몬드나 건포도 등을 먹는데

카누부족의
전통모자를 만드는
여성

배 중간에서 비닐봉투에 담긴 간식을 돌린다. 계속 먹어야만 노를 저을 때 지치지 않는다. 쉬는 시간에 노 젓는 위치를 바꾸기도 한다.

하와이카누는 보통 본체와, 중심을 잡고 보조역할을 하는 작은 본체 구조로 되어 있다. 본체를 두 개로 분리하는 데는 여러 이유가 있지만 큰 파도를 효과적으로 극복하기에 좋고 두 본체에서 양방향으로 노를 저을 수 있기 때문에 속도를 빨리 낼 수 있는 장점이 있다. 길이가 같은 두 대의 카누를 간격을 벌려 나란히 놓고 중간을 포 바이 포 나무로 연결시켜 밧줄로 고정했다.

카누에 앉아서 바다를 바라보았다. 정해진 길을 가는 나로서는 잠깐 동안 들여다보는 것이지만 이 카누에서 매일의 생활을 해야 했던 이 사람들은 이곳에 앉아서 어떤 생각을 했을까? 이들 대부분도 이제 일상적으로는 전통카누를 타지 않는다. 이들 선조들이 살았던 발자취를 찾기 위해 어렵고 힘든 일을 다시 시작한 것이다. 이제 이들이 이 카누여정을 시작한 지도 20년이 되었고 각 부족 모두에게 가장 중요한 행사가

하와이 카누부족이 상륙에 앞서 본인들을 알리는 행사를 하고 있다.

되었다. 우리가 가족이 모여 고향에서 제사를 지내듯 카누여행은 흩어진 부족들이 찾아오고 잊었던 조상에 대한 감사와 전통을 찾는 것이리라. 생명이 있는 만물은 그 영이 있고 원주민은 대대로 이것을 믿는다. 이 카누여행은 이들 피 속에 흐르는 본능적인 것이다. 카누여행은 반드시 해야만 하는 것이다.

　　하와이카누는 아주 빠르게 나아가기 때문에 매일 가장 늦게 출발해도 가장 빠르게 목적지에 도착한다. 노를 젓는 사람은 양쪽에 여섯 명씩 총 열두 명이 타고, 맨 뒤에 있는 사람이 스키퍼의 역할을 담당해 속도와 조류를 읽는다. 그리고 가장 앞에 앉은 사람이 노 저을 방향을 알려주고 주기적으로 소리를 내어 방향 바꾸는 역할을 한다. 20 내지 30회 정도 연속해서 노를 젓고 방향을 바꾸는데 한 시간 동안 몇 십 차례 방향을 바꾸면서 노를 젓는다. 방향을 주기적으로 바꾸면 노를 젓기에 훨씬 편하고 피로가 덜하다. 처음엔 한 시간씩 노를 젓고 쉬는 것도 지치고 힘에 부쳤다. 같이 탄 동료들이 계속 가르쳐 주어서 몸의 중심이동과 요령 등을 연습하며 적용했다. 카누는 열두 명이 한 몸이 되어 저어야 잘 나아갈 수 있다. 조류를 헤쳐 나갈 땐 가장 강력한 구

상륙을 기다리는 하와이 카누부족

호와 힘을 모아야 나아가기 때문에 카누가 하나의 생명체처럼 느껴진다. 카누는 이들
에게 가장 성스러운 것이므로 가장 소중하게 다룬다. 상륙 때와 떠날 때 조심히 살피
고 항상 잘 관리한다.

　카누여행 이틀째. 아침 일찍 출발해서인지 고요한 수면 위로 안개가 자욱하다. 잔
잔한 바다를 응시하며 가볍게 노를 젓는다. 그러나 바다는 쉽게 길을 내주지 않는다.
같이 가던 카누 한 척이 멀리 해안가에서 그만 암초에 걸리고 만 것이다. 그들을 돕기
위해 노를 저어가 보니 먼저 온 미스 앤은 바위 위로 올라가서 파도가 올라올 때마다

카누를 바다로 밀어내려 애쓰고 있다. 파도가 세게 움직일 때는 카누가 파손되어 위험할 수 있는 상황이다. 한참을 시도한 끝에 카누가 암초에서 벗어났다.

　해안가의 안개는 아직 걷히는 중이라 앞이 잘 보이지 않는다. 출발 때 바른 선크림은 얼마 안 되어 바닷물에 거의 씻겨 나가고, 이틀 내내 노를 저었더니 손바닥은 온통 물집 투성이가 되었다. 장갑이 있으면 조금 더 나을 텐데 하는 생각이 든다. 연안의 바다는 아주 다른 흐름을 갖고 있다. 어느 곳에서는 파도가 없고 어느 곳에서는 잠시 서 있지 못할 정도로 흐름이 빠르다. 바다는 짙은 검푸른 빛이어서 물속이 잘 보이

밴쿠버섬에서
온 윔툼

지 않는다. 가끔 물고기가 지나가는 모습만 살짝 비칠 뿐이다.

오전이지만 이미 해가 높이 올라 햇살이 무척 따갑게 느껴진다. 멀리 해안의 언덕
에 걸쳐진 안개는 물러나면서 장관을 이루고 있고, 주변의 카누들은 구름 속을 헤치고
나오듯이 바닷길을 미끄러져 속도를 내기 시작한다. 각기 조금씩 다른 길을 앞서거니
뒤서거니 하면서 나아가자 몽골의 초원길이 생각난다. 몽골 운전기사들은 운전할 때
제각기 가는 초원길이 있어서 서로 다른 길로 운전하곤 했던 그때랑 비슷하다.

해가 높이 오르자 다리와 팔, 손, 발등까지 모두 빨갛게 그을렸다. 맨살 위로 뜨거
운 햇살과 바닷물이 닿아 살갗이 따갑다. 바다가 잔잔해서 노 젓기가 훨씬 수월해졌지
만 속도를 늦추지 않고 꾸준히 유지한다. 간혹 지나가는 모터보트에서 만드는 파장이
잔잔히 밀려온다. 천천히 카누를 따르던 갈매기가 방향을 바꿔 바다 쪽으로 날아가 버
리고 가끔 보이던 고래도 보이지 않는다. 돌고래만 여러 마리 카누 옆을 지나간다.

카누의 앞과 뒤에 걸린 삼나무 가지는 험한 바닷길에서의 마음을 편안하게 만들
어준다. 카누를 저어 나가면 삼나무 가지가 바닷물에 젓는데 삼나무 가지가 사람의 마
음뿐만 아니라 파도도 조용하게 만드는 게 아닐까 하는 생각이 든다. 노 젓는 일은 가
끔씩 깊은 생각에 잠기게 만든다. 문득 노 저을 때 만들어지는 소용돌이가 반복적으로
보임에 따라 한참 바라보고 있으면 최면에 걸리는 듯한 착각을 일으킨다. 이제는 리

살리쉬 부족의 보호구역 라코너 해안에 도착한 카누부족

듬을 타면서 노 젓기가 훨씬 수월해졌다. 힘을 너무 들이지 않아도 잘 저어진다. 다만 방향 바꿀 때 자세 전환은 아직 어색하다.

오후에는 알래스카 원주민 친구들을 만났다. 살이 시리도록 차가워 오래 있지 못할 정도인데 그들에게 여기 바닷물은 따뜻하다고 한다. 한 겨울에 바다가 얼어붙는 곳에서 온 사람들인 만큼 모두들 강인해 보인다. 알래스카 원주민들의 카누는 그들처럼 좀 더 크고 강한 힘이 느껴지는 카누다. 고래 문양에 새겨진 붉은색이 인상적이다. 그들은 짧은 만남을 뒤로 한 채 눈인사를 하고 헤어지면서 저녁 이후에 전통춤을 추는 작은 공연이 있으니 오라며 우리를 초청한다.

잔잔한 바닷길을 지나자 스키퍼가 갑자기 경고를 알리면서 카누 안에 긴장이 감

돈다. 가장 강한 조류 지역을 통과할 차례다. 구령이 높아지면서 전부 힘을 다해 노를 젓는다. 카누 주변도 파도가 거세지고 카누는 거세게 저항하듯이 바닷물 사이를 미끄러져 가기 시작한다. 편안히 바라보던 바닷물이 갑자기 화를 내는 것 같다. 계속해서 세게 저으라는 큰 소리와 함께 5분 정도 저어서 빠른 바다 지역을 빠져나왔다. 가까운 만에 잠시 상륙했다. 좁은 만에서는 카누가 바위에 걸리지 않도록 조심스럽게 살피며 나아갔다.

배를 대고 잠시 간식을 먹으면서 이 지역에 대한 설명을 들었다. 원주민 조상들이 오래전 홍수를 맞이했을 때 이곳에 카누를 대고 피신해서 살아남을 수 있었다는 이야기를 해주었다. 구전되는 원주민의 이야기에는 자연의 여러 현상들이 많이 담겨 있다.

바다가 갈라진 이야기로부터 하늘에서 바위가 쏟아진 이야기, 땅이 흔들린 이야기, 대홍수 이야기, 수천 년, 수만 년 간 이들은 자연이 얼마나 큰 우주이고 그 속에서 이들이 한 부분으로서 얼마나 간절히 조화롭게 살고 싶은가를 노래로, 이야기로 전승하고 있다.

매일 바다에서 예상치 못한 일들과 마주하기 때문에 카누여행 기간 동안에는 바짝 긴장을 해야 한다. 해안 언덕 가까이엔 바다매가 절벽 위에서 바람을 품에 안고 제자리에서 수면을 내려다보며 비행하고 있다.

북서태평양의 각 부족들은 일 년 내내 다음 카누여행 준비를 위해 정기적인 여행 모임을 갖는다. 알래스카 세인트 폴 섬에서 온 29세의 페이스 루코비쉬니코프는 2008년 여행을 준비하면서 느꼈던 것들을 말해준다.

"카누여행에 참여하는 것은 우리의 공동체를 문화적으로 느끼게 해줍니다. 여행에 참가했던 우리에게 주어진 임무는 이 여행의 정신을 어떻게 우리 마을에 전달하고 이 여행이 얼마나 강력한 것이었나를 공유하는 거예요. 2006년에 매주 만나 준비사항을 체크했습니다. 미팅은 가끔 격렬하기도 하고 또 가끔은 여유롭기도 했죠. 우리는 우리가 대면하는 인간관계, 재정문제 등 말하기 어려운 사적인 문제에 관해 이야기를 나눴습니다. 카누여행의 중요성, 우리 삶의 유형, 보다나은 시민이 되는 방법, 그리고 공동체 내의 음주 문제에 관해서도 이야기했습니다.

이제 우리의 과제는 카누여행의 연속성을 유지하는 것입니다. 2007년 1월 5일, 카누여행 참가자들은 이전 해의 여름 여행을 마치고 처음으로 다시 만나기 시작했습니다. 섬을 오고 가며 준비에 집중할 수 있게 우리가 도와주었죠. 우리는 대표자들이 이번 여름 북서태평양 해안부족 카누여행뿐만 아니라 알래스카 유콘족들과 함께 유콘강 치유여행에 동참할 것을 희망합니다.

개인적으로 이 여행은 커다란 도전이었고 내 인생에서 내가 무엇을 선택할지 알려주는 영적인 도움을 줬습니다. 나는 공동체가 가지고 있는 사회적인 문제에 대해 내가 전혀 관심을 가지지 않았다는 것을 깨달았고, 여행을 계기로 공동체에 무엇이 필요한지에 대해 생각해 볼 수 있었습니다. 여행을 통하여 나는 원주민 토속신앙에 관해서도 알게 되었죠. 나는 모든 이들이 그들만의 신앙을 가지고 있다는 것을 알게 되었고 타인의 영적인 믿음을 받아들일 수 있게 되었습니다. 카누여행은 내가 다른 문화에 대한 편견을 버릴 수 있게 해준 셈이죠. 그 전까지 다른 종교에 대하여 조심스러웠어요. 나는 모든 이들이 하나님 아버지, 예수, 그리고 성령을 믿어야만 한다고 생각했었죠. 나는 순진했고 무지했다는 것을 깨달았습니다. 카누여행은 아름다운 경험이었습니다. 교회는 하나님으로 가는 수단일 뿐이고 숭배해야 할 대상이 아니었던 거예요."

나와 우리를 찾는 축복의 바닷길

카누여행 셋째 날 도착한 제임스타운은 작은 해변이다. 마중 나온 원주민들의 노

카누부족을
환영하는
일레인 할머니

래와 사람들의 환호로 작은 해변이 들썩인다. 마을에서 나온 사람들은 카누를 타고 온 사람들을 위해서 많은 음식도 준비해 놓았다. 해변에서 큰 손북을 들고 상륙하는 사람들을 가장 먼저 맞이하는 일레인 할머니. 노 젓는 사람들에게 일일이 손수 만든 목걸이를 걸어주던 그녀는 내게도 노 모양의 조각이 매달린 목걸이를 걸어준다.

일레인 할머니는 부족의 스토리텔러다. 원주민 세계에서 이야기꾼은 역사의 수호자이고 신성한 전통을 상징한다. 고대로부터의 지식을 보존함으로써 지구에 가져오는 미래의 발전을 보장하는 역할을 수행한다고 믿어져 왔다. 모든 부족과 국가의 이야기꾼은 모든 시대와 고대 지식의 연결자였다. 미래세대의 아이들은 이야기꾼으로부터 가르침을 받았고 치료 이야기의 가르침들을 그들의 삶에 투영시켰다. 기억은 북미 원

주민 전통에 있어서 아주 중요한 부분이다. 원주민의 역사가 대부분 구전되어 왔기 때문에 기억은 예술과도 같다. 치료에 사용되는 모든 약초, 식물, 꽃은 미래세대를 위해서 반드시 기억해야 한다. 모든 춤, 의식, 입회식과 가르침도 마찬가지다. 부족의 법과 예언, 승리와 패배 이야기는 기억을 통해 구전된다. 한 사람이 모든 것을 기억하거나 모든 분야의 전문가가 되는 것은 불가능하기 때문에 부족에는 전문적인 분야에 대한 기억을 가진 역사가들이 있다. 부족의 가르침의 단편들이 다음 세대로 전해지고 각각의 사람은 각 분야의 가르침을 모아 원주민 전체의 삶을 이어나간다.

일레인 할머니는 상륙하는 사람들을 환영하는 행사를 이끈다. 붉은 무늬가 있는 검은 옷을 입고 손북을 든 채 하루 종일 해변을 걸어 다닌다. 일레인 할머니는 나를 무척 친근하게 대해주며 얼굴과 입술이 갈라져 터진 데에 과일에서 추출한 약을 발라주었다. 어머니 같다.

해변에선 처음 카누여행에 참여하는 유소년들을 위한 카누타기 행사와 성스러운 카누 축복 의식이 열렸다. 십대 소년 소녀들이 삼나무 가지를 손에 들고 배 주위를 여러 차례 돌면서 배를 나뭇가지로 쓸어내린다. 마을에서는 한 가족을 위한 축복 행사가 열리는데 치료주술사와 연장자들이 눈을 감고 손을 올린 채 서 있는 사람을 치유하기 위해 10여 분 간 한 명 한 명의 얼굴부터 발끝까지 삼나무 가지로 몸을 쓸어내린다. 의식을 위해 모두 조용히 일어나서 동참했다.

저녁식사를 마치고 다시 해변으로 나왔다. 붉은빛과 보랏빛이 어우러진 황혼의 바다는 어둠 속으로 넘어가고 있었다. 저녁마다 해안에서의 일몰을 지켜보는 것은 커다란 즐거움이다. 내가 자연과 우주 속에 속한 존재임을 일깨운다. 풍광과 높은 하늘의 별빛들은 경이롭다. 어둠 속에서 카누 이곳저곳을 점검한다.

이번 카누여행에서 만난 프레드란 친구와는 공통점이 많아 금세 친해졌다. 밴쿠버섬에서 온 그의 원주민 이름은 윕툼이라고 했다. 원주민 무속과 전통문화를 유럽과 아시아에 교육하는 그는 인상이 강인하고 여행을 일생의 운명으로 여겼다. 내가 말타기여행에서 만났던 평원 원주민 친구들을 잘 알고 있었다. 카누를 정비하며 말타기 행사에 대해서 이야기하고, 말타기 때 불렀던 라이더 송을 함께 불렀다.

수쿠아미쉬 부족의
해안가에서 카누부족을
환영하는 여성

　카누여행의 네 번째 아침. 사람들이 움직이는 소리를 들으면서도 몸이 잘 움직여
지지 않는다. 노 젓기가 3일이 넘어가면서 몸에 여러 가지 무리가 오기 시작한 듯하
다. 안 쓰던 근육들을 너무 갑작스레 오랜 시간 써서 그러리라. 간신히 몸을 추스른
다. 캠핑장 근처에 샤워를 할 곳이 없어 세수만 하고 짐을 챙겼다. 텐트를 날마다 걷
는 것도 조금은 귀찮게 여겨진다. 이곳에서는 자기일은 알아서 해야 하기 때문에 다
들 자기일은 잘 해낸다. 이 여행이 나에게도 작은 도전이기 때문에 견디고 이겨내리
라. 이웃 친구들이 아침마다 웃으면서 오늘 노를 저을 것이냐고 묻는다. 외국인치고
잘 견딘다는 표정이다. 원주민 친구들이 행운을 빌며 목걸이를 여러 개 준다. 아침마
다 목에 목걸이를 세 개나 걸치고 카누로 나선다. 겉모습만 보면 나도 원주민이 된 것
같다. 사실은 원주민 여행에 참여할 때마다 '나는 이 여행에서 원주민이다.' 라고 나의

정체성을 정하고 들어간다. 나는 이들을 구경하러 온 것이 아니라, 근대역사에서 가장 힘든 고난을 겪은 사람들의 공동체를 방문하여 직접 체험하는 것이 나의 여행목적이기 때문이다. 체험할 수 있는 모든 것을 하나도 예외 없이 피하지 않고 같이 하겠다고 마음먹는다. 힘들 때마다 초심을 되새기면 마음속에서 강한 힘이 솟구치곤 한다. 차에 들러 거울을 보니 얼굴 피부가 벗겨지기 시작했고 입술은 세 갈래로 갈라져 있다. 바다에서 일하는 사람들의 거친 외모가 영화 속에서의 과장이 아니라 바다 생활이 정말 힘든 생활임이 몸으로 느껴진다.

이틀간 작은 만을 경유하기로 되어 있다. 조금 일정이 짧고 쉬워진다고 친구들이 알려줬다. 다시 바다로 나갔다. 언제나 출발 전의 아침바다는 경이롭다. 낮은 해무가 온통 바다 위를 아늑하게 만든다. 해안에서 카누를 비교적 멀리까지 끌고 나가야 해서 각 카누마다 다 같이 달려들어 바다로 끌어낸다. 뻘의 감촉이 부드럽다. 뻘을 지나 물이 있는 곳까지만 가면 커다란 배는 자유롭게 움직인다. 카누는 사람들을 나른다. 더불어 아름다운 인간들의 영혼도 나른다.

저녁에 도착한 항구는 백인마을이 가까이 있다. 큰 학교를 캠핑장으로 정했는데

저녁 날씨가 제법 쌀쌀해서 떨다가 원주민 아주머니가 만든 옷을 사 입었다. 직접 실로 떴다는 옷은 아주 따스하다. 조금 일찍 도착해 쉬는 여정이라서 근처 해안으로 나가서 빨래도 하고 목욕도 했다. 얼굴과 피부가 많이 그을리고 상했지만 마음은 아주 충만해졌다. 이들과 같이 지내고, 생활하며 시간들을 나누기 때문에 그러리라.

　도착하는 마을이 원주민 지역일 때는 대규모 환영행사가 저녁부터 새벽까지 이어진다. 낮 동안은 카누 타고 노 젓고, 저녁부터 새벽까지는 춤추고 노래한다. 말타기여행과 카누여행을 통해서 보면 원주민들 생활은 여느 종교인들 생활처럼 시간에 맞춰서 절제된 자신들의 정신적 세계를 위한 시간을 갖고 있다는 것을 알 수 있다. 나는 이들의 종교에 대해 깊이 알지 못하지만 이들의 정신세계는 대단히 영적이며 우주와의 조화를 위한 것임을 금방 알 수 있다. 저녁 모임에 참여하면 원주민 세계 고유의 모습을 확인하게 된다. 뜨거운 열기를 다들 조용히 지켜본다. 나와서 춤을 추고 노래할 때는 같이하거나 지켜본다. 공연을 하고 환호하는 것이 아니라 모두 참여해서 열기를 만든다. 비슷한 분위기의 나바호 마을의 의식들이 떠오른다. 새벽까지 지켜보다가 돌아와 잠이 들었다. 하루하루 같이 할수록 이 생활에 빠져들고 점점 떠나기 싫어진다.

수쿠아미쉬 부족 해안가에 도착한 카누부족들

상륙, 그리고 푸제 사운드의 밤

　드디어 지난 일주일간의 바다여행을 마치고 수쿠아미쉬 해안에 상륙하는 날이다. 서로 다른 바닷길을 여행해온 카누들이 모두 모인다. 부족마다 지난 2주 혹은 3주를 계속해서 노를 저어 달려왔다. 각 부족마다 물리적인 거리로 약 300킬로미터의 바닷길을 건넌 것이다. 이 날은 아침부터 약 30킬로미터 정도의 물길을 거쳐 도착할 예정이다. 오전에 파도가 높아서 카누 안으로 연신 물이 들어왔다. 가운데에 자리한 사람이 계속해서 바닷물을 퍼내고, 나머지 사람들은 파도를 헤쳐 나가기 위해 힘차게 노를 저었다. 파도가 높을 땐 자칫 카누가 전복되기도 하기 때문에 스키퍼는 목소리를 높여 계속 격려하며 방향을 조절한다. 긴 시간을 쉬지 않고 가는데도 파도가 줄지 않아 심란하고 불안하다. 가지고 탄 카메라와 옷 등 소지품은 모두 푹 젖었다. 그러나 이에 아랑곳 않고 모두 스키퍼의 구령에 맞춰서 부지런히 노를 저어 나갔다.

지난 몇 년간 카누여행 중 카누가 전복되어 사람들이 목숨을 잃기도 했다는 이야기가 자꾸 생각난다. 바다가 무섭게 느껴지는 날이다. 카누가 출발하고 도착할 때마다 안전한 여행을 바라는 기도를 간절히 올리고, 구명조끼를 재정비한다. 카누가 전복되었을 때의 요령들도 숙지해야 하는데, 카누가 전복되어 물에 빠지면 체온이 떨어지지 않도록 세 명 이상씩 모여 있어야 한다. 그리고 파도가 잔잔해지면 다시 카누를 돌리고 물을 퍼낸 후에 탄다.

구명보트 서너 척이 있지만 넓은 해안가에서 모든 카누를 살펴보기에는 무리가 있다. 구명보트와 만날 때면 바다에서 생리현상을 해결하기 어려운 여자들은 구명보트의 화장실을 이용하고, 원주민 아이들은 구명정에 올라가 바다로 다이빙을 하며 논다.

모든 카누들이 상륙하는 날. 수쿠아미쉬 해안가

얼굴마다 건강함이 배어 있다. 카누여행은 친구를 사귀고, 다른 부족 이야기를 듣고, 선조를 이해하며, 어려움을 이겨내고, 미래를 계획하는 시간들이다. 마지막 해변에서 잠시 상륙해 식사를 한 뒤 목적지를 향해 나아가니 이미 많은 카누들이 대열을 이루고 있다. 순서를 기다리며 사람들과 반가운 인사를 나눈다. 모두 마지막 몇 킬로미터를 남기고 대열을 만들기도 하고 부족 전통의상으로 치장을 하기도 한다.

　　최종 목적지인 수쿠아미쉬 해안엔 5천 명 이상의 사람들이 몰려 있다. 날씨가 좋아져 하늘엔 긴 구름이 피어오른다. 수쿠아미쉬의 여러 부족 인사들이 차례로 인사말을 하고, 다섯 살 된 어린 소녀가 부족말로 인사하자 온통 떠나갈 듯한 함성소리가 주변을 뒤덮는다. 카누여행자들은 부족말로 인사하고 어디서 왔는지를 알리고 상륙을 청한다. 1, 2주를 쉬지 않고 바닷길을 노 저어 온 이들은 힘든 여행길을 회상하며 감격에 젖어 눈물을 흘렸다. 이번 바다여행의 마지막 날엔 약 60개의 카누부족과 100척

상륙한 카누를
육지로 끌어올린다.

해안에 도착한
카누가족들은 해안에서
굽고 있는 해산물로
허기를 달랜다.

이 넘는 카누가 수쿠아미쉬 해안으로 들어왔다. 카누를 노 저으며 들어온 원주민도 천
명이 넘었다. 아름다운 카누들은 각자 자신들을 뽐내며 해안에 정렬해 있다. 다들 인
사를 마치고 나니 주변 해군부대 군인들과 원주민들이 카누를 한 척 한 척 육지 위로
끌어 올린다. 카누를 올릴 땐 노 젓는 사람 중 가장 어린 사람이나 여성을 태운 채로
올린다.

　해안에서는 사방 3미터 가량의 달구어진 돌 위에 바닷가재, 대게, 굴, 조개 등을

가득 굽고 있는데 그 덮개를 열자 연기와 수증기가 주변을 뒤덮었다. 사람들은 종이상자를 가져와 원하는 만큼 담아가서 서로 나누어 먹는다. 마을마다 조금씩 형식이 다르나 대개 바다에서 나오는 해산물로 정성껏 카누가족들을 대접한다. 신석기시대 조개무지와 비슷하지 않을까 싶다. 저녁 시간에 원주민들이 북을 두드리며 노래를 부른다. 보름이 가까워지자 달이 카누 위에 밝게 떠 있다. 해안에 위치한 커다란 홀에 천여 명의 사람들이 모여 있고 주변에도 많은 사람들이 있다. 조금 벗어난 곳에는 더 많은 이들이 일주일간 지낼 큰 캠핑장이 있다. 사람들이 지내는 장소 주변 해안은 너무나 깨끗하고 맑다.

저녁식사를 마친 후엔 많은 사람들이 커다란 구리 링 목걸이를 받는 의식에 참여했다. 대개 카누여행에 처음 참여한 이들을 위해서 행해지는 의식이다. 전통적으로 구리는 북서태평양 부족들에게 부의 상징이었다. 구슬은 고대로부터 교역품이며 화폐대용 가치가 있었기 때문에 고대 원주민 교역과 문화 형태에 관한 귀중한 정보를 제공해왔다. 포틀래치를 거행할 때 원주민 수장들은 거대한 부의 상징인 구리판을 불속에 던지거나 구리판을 이용한 포틀래치 행사를 치른다. 전통적으로 고대 원주민들은 인장이 새겨진 구리 목걸이를 걸고 있다. 카누 공동체의 가족들은 구리 링 목걸이를 받는 의식에 참여해 왔다. 목에 걸린 구리 링 양쪽으로 색깔 있는 구슬도 목걸이에 꿰어져 있다. 이 목걸이는 이곳에서의 시간과 경험들을 기억하는 상징이 되리라.

카누 여정을 무사히
마친 사람에게 링
목걸이를 걸어준다.

　가죽 끈에 꿰어진 각각의 구슬은 카누여행이 있었던 그 해의 이야기를 담고 있다. 목걸이가 의미하는 것은 카누여행의 모든 것을 상징하며 경쟁을 의미하는 것은 아니다. 필 레드 이글과 자원 봉사자들은 지난 몇 해 동안 카누여행에 참여한 청소년들과 노 젓는 사람들에게 전달한 수천 개의 링 목걸이를 제작해 왔다. 링은 가족을 상징한다. 사람들은 자신들이 어려운 문제에 마주칠 때마다 카누여행에서의 경험을 떠올리며 이겨낼 수 있을 것이다.

　푸젯 사운드의 저녁은 평화란 단어가 가장 잘 어울린다. 공기가 맑고 조용하고 바다엔 파도가 거의 없다. 달은 높이 떠올라 바다를 길게 비춘다.

수쿠아미쉬 해안의 밤. 멀리 시애틀의 빌딩 불빛이 보인다.

바람이 드디어 노래를 시작하려네.
드디어 바람이 노래를 시작하려네.
저 땅이 내 앞에서 기지개를 켜는구나.
내 앞에서 기지개를 켜고 달려가는구나.

지금 바람의 집이 우렛소리를 내고 있네.
지금 우렛소리를 바람의 집이 내고 있네.
나는 크나큰 고함을 외치며 이 땅 위를 달려가고,
이 땅은 우렛소리로 뒤덮였구나.

저 바람의 산맥 너머로,
바람의 저 산맥
무수히 많은 다리를 가진 바람이 왔구니.
이리로 뛰어서 왔구나.

검은 뱀 되어 바람이 내게로 왔네.
바람이 검은 뱀 되어 내게로 왔네.
와서 또아리를 틀고 모든 것을 감아버렸구나.
자신의 노래를 부르면서 또 달려가는구나.

– 피마족의 시 (하아타의 노래)

바람의 노래

올림픽 반도의 북서쪽 끝자락으로 가다 보면 올림픽 국립 공원 지역을 마주하게 된다. 보이는 그대로를 옮기자면 원시림과 태초의 자연 그대로 의 모습을 마주하게 된다. 해안도로 양쪽으로 끝도 없이 보이는 나무들은 곧게 하늘 을 향해 있다. 태평양에 접해 있는 이곳은 해양성 기후를 띠고 있어서 반도의 해안가 쪽은 연강수량이 3,700밀리미터에 이른다. 주로 늦가을부터 겨울까지 많은 비가 오고 봄, 여름, 가을엔 바다에서 불어오는 습한 공기가 해안의 나무들에 영향을 준다. 해안 가에는 주로 웨스턴레드시다와 웨스턴헴록^{western hemrock}이라고 불리는 나무들이 주종을 이루고 있다. 높이가 50미터 이상 자라고 둘레도 2미터에 이르는 나무들이다. 이 나무 들이 자리한 해안가는 습도가 아주 높아서 산불이 나지 않고, 나무에 방향물질이 많아 서 해충의 피해도 받지 않기 때문에 수백 년을 살 수 있다. 해안가 여기저기에 엄청난 크기의 나무들이 쓰러져 있다. 해안을 따라 나무 아래로는 양치류와 이끼가 무성하게

올림픽 반도. 마카 원주민 보호구역

덮여 있고, 해안가에 어려 있는 해무는 볼수록 신비롭고 영원을 느끼게 한다.

　올림픽 반도 끝에 마카 원주민 보호구역이 있다. 역사에 의하면 이곳에 원주민들이 들어와 정착한 것은 만 년보다 더 오래 전이다. 알래스카부터 이곳에 이르기까지 천 킬로미터가 넘는 해안가에는 몇 천 년의 세월을 두고 집단 거주지들이 수백 개나 발견되었다. 빙하기 후반 베링해를 걸어 넘어온 원주민들은 이곳까지 내려와서 고래와 물개를 사냥하고 고기잡이를 통해 생활을 연명해 나갔다. 마카 원주민 보호구역의 니어베이 마을은 이제 많이 변해서 상업, 어업에 종사하는 조그만 어촌이 되었다. 원주민 주택과 마을센터에 달려 있는 전통문양들만 이들이 누구인가를 알려주고 있다. 이제 매년 올림픽 반도의 푸제 사운드 해안가 전역에서는 바다에 기대 살아 왔던 원주민들이 카누여행을 통해 자신들의 전통을 복원하는 일을 하고 있다.

공유의 문화, 프로토콜과 포틀래치

수쿠아미쉬 해안으로부터 멀지 않은 곳에 카누여행 캠프촌이 있다. 그곳으로부터 프로토콜 장소까진 걸어서 약 10분, 여러 곳으로부터 온 수천 명의 원주민들이 모두 모여 일주일 동안 이곳에서 지낸다. 나도 조그마한 텐트를 치고 같이 지낼 예정이다.

프로토콜^{Protocol}은 북서 해안가 원주민들이 고유한 자신들의 부족을 서로에게 알리는 행사다. 나라와 나라가 만나는 외교상의 친교를 의미하기도 한다. 그렇기에 프로토콜은 자신들의 전통문화를 알리는 의식이고 춤과 노래가 동반된다. 그리고 부족이 준비한 선물을 나누어 준다. 보통 포틀래치^{Potlatch}에서도 비슷하게 춤을 추고 선물을 주는 것으로 진행된다. 그래서 프로토콜에는 포틀래치의 핵심사항들이 포함된다. 처음에는 그 의미가 무엇인지 혼동되었지만 여러 번 참여하면서 의미를 알게 되었다. 북서 해안 지방 원주민들에게 춤은 그들의 종교를 나타내는 행사이고 춤을 통해 초자연적인 정령과 만난다고 생각한다. 춤은 환상의 체험과 관계가 있다. 포틀래치에서는 춤이 의식의 중심이다. 선물을 준비하는 것도 그러하다. 정성을 다해 준비해온 선물은 전통적인 포틀래치처럼 과하지는 않지만 지금도 가장 값어치 있는 것들을 준비한다. 선물을 받으면 받은 부족도 답례선물을 나누어 준다. 전통적인 포틀래치는 엄청난 재산이 오갔지만 프로토콜에서는 포틀래치의 핵심만 공유한다.

프로토콜이 시작되었다. 하와이, 마우이 부족을 비롯해 남태평양 부족, 알래스카 부족 순서대로 진행된다. 멀리서 온 부족들에게 우선권을 배려한 것이다. 프로토콜은 각 부족의 춤꾼들이 음악과 더불어 시작한다. 고유의 전통의상과 몸짓을 통해 부족의 영적인 측면을 알린다. 춤은 대략 10분에서 20분씩 이어진다. 춤이 끝나면 부족들의 이야기를 알리는 연설이 이어진다. 이 부분에서는 서로 기쁘고 슬픈 소식을 주고받고 자신들의 꿈과 이상을 밝히기도 한다. 그리고 멀고 멀었던 카누여정을 통해서 본인들이 깨닫고 느낀 것들을 공유한다. 가족들은 더욱더 가까워지고, 먼 부족들은 자신들의 근황을 알리며, 전체 카누부족들에게 알리고자 하는 이야기들을 나눈다. 프로토콜

벨라벨라 부족의 프로토콜, 2011

은 일주일 동안 60개 부족의 이야기로 이어진다. 카누여행의 마지막 부분인 프로토콜
은 이 여행을 통해 여러 주제들을 다시 돌아보게 한다. 부족민 공동체는 여러 문제들
에 직면해 있고 카누여행은 이것들에 대한 대답과 혜안, 각 부족의 자존을 드높인다.
그리고 힘든 여행의 마무리와 더불어 미래세대들에게 자신감을 부여한다. 알래스카에
서 온 프랭크 넬슨 추장은 이렇게 이야기한다.

"내가 누군지, 어디서 왔는지를 돌이켜봅니다. 어려서는 백인들의 교육체계에 속
해 있었기에 겪어야만 했던 만행과 고민들도 돌이켜봅니다. 우리는 특별한 시간에 살
고 있습니다. 우리는 과거를 뒤돌아보며 치유를 시작할 수 있습니다. 모든 고통을 과
거에 두고 긍정의 길로 나아갈 수 있습니다. 영적인 정의를 통해 우리의 삶을 우리 자
신뿐만 아니라 우리 민족에게 의미 있게 마감할 것입니다."

　이 기간 동안에는 수쿠아미쉬 부족이 카누여행 주최자로서, 참여한 모든 부족민들에게 음식을 제공한다. 전통적으로도 음식을 나누는 것은 중요하다. 식사 땐 노인, 어린이, 여자, 그리고 남자의 순으로 배급을 받는다. 프로토콜 장소엔 태평양 연안 부족뿐 아니라 미국 각지의 나이 든 지도자들도 자리해서 기회가 있을 때마다 모두에게 자신의 이야기를 전달한다. 큰 부족이건 작은 부족이건 공식적인 자리에서 선보이는 자신들의 문화는 아름답고 일종의 흥분이 동반된다.

　오래전 북서쪽의 틀링기트족 원주민들 사이에서 레이번 씨족과 독수리Eagle 씨족이 포틀래치 의식을 개최했다. 포틀래치를 이해하면 북서태평양 해안가 원주민 사회를 보다 잘 이해하게 된다. 이 의식은 정치, 경제 사회의 가장 중심 되는 핵심 가치관들을 포함한다.

북서태평양 해안 지역의 부족들은 거대한 재산을 소유했고 이들 사이에서 이 소유에 대한 의식은 엄격했다. 소유물은 조상으로부터 이어져 내려오는 의미의 재산이었다. 재산에는 두 가지가 있는데 바다나 토지처럼 자연적인 것은 공동소유로 전체 구성원에 계승되었다. 두 번째는 물질적인 유복함을 지배하는 소유권이다. 하지만 물질적인 것만 아니라 이름, 신화, 노래 등 비물질적인 것이 더 많았다. 이 소유권은 공동이 아닌 개인이 일정기간동안 소유했다. 이런 특권의 가장 기본은 구별 짓는 것이다. 즉 귀족의 칭호에는 가장 최상위의 소유와 높은 지위를 부여했다. 어떤 사람이 어떤 이름을 갖게 되면 그 사람은 그 이름을 가진 조상의 모든 권리를 갖게 된다. 그리고 이름이 누구에게 양도되면 그 이름을 갖는 자가 모든 권리를 받게 된다. 이것은 장자에게 상속되고 이 권리에는 막대한 부의 분배가 뒤따른다. 이 특권은 결혼을 통해서도 양도되는데 딸이 결혼하면 사위에게 양도되었다.

이 지역 원주민들에게 부를 다루는 방법은 현대 자본주의 체제 하의 경제구조에서 사는 우리에게는 대단히 풍자적이다. 이들은 부를 비슷한 경제적 물질의 소유, 획득에 사용하지 않고 승리하고자 하는 상황에서는 그들이 생각하는 가치관에서 고정된 가치

알래스카 부족의 프로토콜

의 대항물로 사용한다. 포틀래치는 상업과 마찬가지로 부의 순환 방식의 하나이지만
거래를 배제한다. 한 족장이 경쟁자에게 모욕을 주기 위한, 그에게 도전하기 위한, 그
리고 그를 굴복시키기 위한 수단으로 사용하기도 한다. 증여받는 사람은 모욕감을 떨
치고 도전을 받아들여야 한다. 그는 더 성대한 새로운 포틀래치로 응답해야 한다. 때
로는 부의 막대한 파괴를 통해 상대방의 도전을 자극하기도 한다. 북동부 원주민 마을
에서는 마을을 불태우거나 카누를 부수기도 했다. 포틀래치 문화를 이해하는 것은 현
대문명에서 이성적인 사고를 가진 사람들에게는 미친 짓으로밖에 보이지 않지만 그
문화권의 사람들에게는 대단히 정교하고 대담한 문화다. 포틀래치가 개최되면 이 부
족들은 그들이 줄 수 있는 것을 모두 모아서 필요한 사람에게 주었다. 포틀래치가 열

릴 때마다 주는 쪽의 씨족은 이전의 포틀래치에서 그들이 받았던 것보다 훨씬 더 많은 것을 기부함으로써 감사를 표시했다.

미국 정부는 1900년대 초에 포틀래치를 금지시켰다. 사람들이 자신이 가진 것 이상으로 너무 많은 것들은 나누어 주는 포틀래치 의식이 감당할 수 없는 수준에 이르렀다고 판단했기 때문이다. 정부 공무원은 가난한 이들이 자기가 가진 작은 것들을 다른 사람들에게 주고 거의 아무것도 가지지 않은 채 어떻게 살 수 있는지를 이해할 수 없었고 포틀래치 의식이 사람들에게 수치와 가난을 불러오는 경쟁이라고 생각했다. 원주민들은 자신의 소유물을 다른 사람들과 나눌 때 명예와 풍요가 주는 사람에게 주어진다고 생각했다. 원주민들은 많은 친척들을 입양해 대가족을 이루고 다른 이들을 보살폈다. 소유물과 음식을 가진 축복받은 자들은 가지지 못한 자들과 나누었다. 원주민들은 풍요로움의 축복 속에서 많은 것을 받아 나눌 수 있었다.

두 개의 포틀래치 노래

둘러보지 말지어다, 사람들이여, 둘러보지 말지어다.
안 그러면 우리에게 상처줄 무엇인가를 보게 될지도 모르나니,
위대한 추장님의 위대한 집에서.
둘러보지 말지어다, 둘러보지 말지어다.
안 그러면 무시무시한 무엇인가를 보게 될 지도 모르나니,
위대한 추장님의 위대한 집에서,
초노코아*님이 살고 있는 집에서.
우리의 온몸이 마비되어 움직이지도 못할지니.
우리의 전쟁을 이끄는 추장님의,
포틀래치를 이끄는 추장님의 집이,

* 초노코아(Tsonoqoa)는 야생 여인(Wild woman)이라고도 불리는 인디언 전설 속의 식인 여인이며, 늑대족의 아이들을 낳았고, 아메리칸 인디언의 토템에도 등장한다.

우리의 숨결과 우리의 목숨을 좌지우지 할지니.

아무런 소리도 내지 말지어다, 사람들이여, 아무 소리도 내지 말지어다.

안 그러면 어마어마한 재물의 눈사태가 우리의 추장님으로부터 시작될지어니,

저 위에 걸려있는 산맥으로부터.

나 네차펜켐으로부터 저 빨간 삼나무 나무껍질이 내려올지니,

바로 내가 각 부족의 추장들에게 이를 풀어서 주노라.

불평하지 말지어다, 그대 사람들이여, 위대한 추장님의 집에서,

모두의 손들이 죽기를 두려워하는 곳에서, 그들의 몸 위로

먹으려 했던 모든 이들의 피가 뿌려진,

추장님, 위대한 추장님의 집에서.

한 가지만이 나를 분노케 하나니, 사람들이 음식을,

위대한 추장님이 준비한 음식을 적게, 그리고 천천히 먹는다면.

– 콰기우틀족 구전노래

포틀래치는 이익을 목적으로 한 교환, 약탈 또는 일반적인 의미에서의 재화의 점유를 의도하는 것이 아니다. 그럼에도 포틀래치의 궁극적 결과는 획득이다. 사회가 지속적으로 증대시킨 자원은 어떤 지점에서는, 또는 어떤 시기에는 완전한 소유의 대상이 될 수 없고 소모를 소모자에게 주는 것은 특권이다. 소모가 그의 지위를 결정하며 또한 사회적 지위는 도구나 토지처럼 소유될 수 있다. 지위가 이익의 원천이라면, 지위 역시 원칙적으로 자원들의 단순한 소모 행위를 통해 결정될 것이다.

남미의 아즈텍 원주민 사회에서도 소모적 제의는 중요한 자리를 차지했다. 이들은 노동을 통한 성장에 힘쓰는 것만큼이나 '희생'에 정성을 쏟았고 태양은 희생의 상징이었다. 멕시코 원주민들도 해마다 태양 숭배를 위해 일정 기간 단식하고 산 사람을 제물로 바쳤다. 영화 〈아포칼립토〉에 태양 숭배 제의가 비교적 자세히 묘사되어 있다. 제물이 되는 사람의 몸에 터키석 색깔의 물감*을 칠한다.

　사제들이 피라미드의 꼭대기에서 제물로 바쳐질 사람을 제단 위에 눕히고 기도를 시작하면, 사제가 흑요석 칼로 희생자의 가슴을 가르고 뛰고 있는 심장을 꺼내어 태양을 향해 들어올렸다. 제물이 되는 사람의 대부분은 전쟁포로였다. 전쟁이 태양의 생명에 필요한 것은 이 때문이다. 고대 원주민들은 전쟁이 없다면 태양이 빛을 잃을 것이라고 생각했다. 포틀래치의 결과 손실을 보는 사람은 증여자이지만 부의 총체는 유지된다. 포틀래치는 간혹 희생제의와 비교되기도 하는데 겉모습만 그럴 뿐 포틀래치는 여전히 생산적 소모의 보완 형태다. 대체로 희생제의는 유익한 생산물을 세속적 순환으로부터 빼내는 반면 포틀래치는 원칙적으로 처음부터 무익한 물건들을 증여한다.*

* 원주민에게 터키석은 어머니 대지에서 나오고 지구의 수호자로 활동하는 하늘나라를 상징한다. 터키석은 보호를 위해 사용될 수 있는 남성적인 요소이다. 어머니 대지와 아버지 하늘은 서로 손을 잡고 붉은 피로 연결된 모든 창조물을 보호하고 기른다. 터키석과 산호 보석의 은 가공은 대지와 하늘이 결합한 순결함과 진실함을 나타낸다.

태양은 아무런 대가없이 빛에너지를 지구상의 생명체에 공급한다. 그런데 모든 생명체는 생명을 유지하는 데 필요한 에너지보다 더 많은 에너지를 받아들이며, 초과된 에너지를 신체의 성장에 사용한다. 그러나 성장에는 한계가 있기 때문에 이때부터 초과 에너지는 반드시 소모되어야 한다. 잉여 에너지를 적절히 소비하지 않으면 생명체는 비대해지다가 마침내 폭발하고 말 것이다. 사치, 종교예식, 기념물, 전쟁, 축제, 스포츠, 장례, 예술, 도박, 섹스와 같은 '소비 그 자체를 목적으로 하는 소비'는 과잉 에너지를 해소하는 유용한 수단이 된다. 그 예로 고대사회의 증여교환체계를 들 수 있다. 증여교환체계는 과잉 에너지를 해소하는 더 할 수 없이 현명한 방법이며, 북미 원주민의 포틀래치와 같이 독특한 증여 메커니즘을 설명하기도 한다. 또한 이러한 비생산적 소비의 예로 '값비싼 장신구, 넘치는 음식물, 피의 희생과 같은 엄청난 부의 소비를 요구했던' 고대 아즈텍인들의 '희생제의'를 드는데 신성한 소비, 비생산적 소비, 과잉 에너지의 효율적 소비라고 해석하고 있다.

결국 전쟁이란 비극적 해결책을 피하기 위해 인간이 생각한 것이 바로 '비생산적 소비dépense'라는 것으로, 전체의 관점에서 항상 잉여의 문제로 야기되는 폭력을 해소하기 위한 지혜로운 소비였다는 것이며, 인간사회의 경제적 관점은 자원의 부족을 메우기 위한 생산의 문제가 아니라 과잉 에너지의 소비를 위한 문제였다는 통찰이다. 바로 증여교환이나 희생제의와 같이 인간은 과잉 에너지를 가장 사치스럽게, 가장 집약적으로, 가장 과시적으로 소비하여 문제를 해결하였다. 오늘의 사회는 생산과 성장, 그리고 부의 축제에 매진하여 성장이 한계에 부딪치자 역사상 가장 사치스러운 비생산적 소비라고 할 수 있는 1, 2차 세계대전이라는 비극적 파괴의 수단에 이르렀다고 진단했다.

이를 오늘의 사회에서는 과잉의 에너지가 야기할 상상하기 싫은 공멸이 아니라 비

* '고대의 사치 산업은 포틀래치의 초석이었다. 고대의 사치 산업에서는 언제든지 사용가능한 인간 노동의 양으로 표시되는 자원을 명백히 낭비했다. 아즈텍 사회에서 사치품은 외투, 속치마 등이고 다채로운 깃털, 채색한 돌, 맹수 가죽 등이었다. 북서부 아메리카 원주민들은 카누와 집들을 파괴하고 더 나아가서는 썰매 끄는 개들이나 노예들을 죽였는데 그것들 또한 쓸모 있는 것들을 파괴하는 행위였다. 본질적으로 증여품은 사치품이었다. 식량의 증여는 처음부터 축제를 위해 소모되었다.'
― 조르쥬 바타유 『저주의 몫』

알래스카 부족의
프로토콜 중
그해 태어난 아기를
축복하고 있다.

생산적 소비로서의 증여인 노블레스 오블리주의 실천, 사회복지의 강화, 다양한 기부들로 해소되어야 한다고 할 수 있을 것이다.『저주의 몫』마지막 대목은 커다란 공감이 되었다.

'이득 너머로 빛나는 부의 빛은 그 빛을 볼품없게 만든 사람들이 생각하는 그런 것이 아니라 넘침의 진실, 충만한 우주가 발하는 빛이다. … 우리 시대의 진정한 사치와 의미심장한 포틀래치는 가난한 사람, 땅을 베개 삼는 멸시받는 사람의 몫이 되었다. 진정한 사치는 부의 완전한 멸시를 요구하며, 노동을 무시하는 사람, 즉 한편으로는 자신의 인생을 영광의 폐허로 만들고 다른 한편으로는 부자들의 거짓 노동을 말없이 경멸하는 사람의 무심함을 요구한다. 누더기의 영광, 무심함의 음울한 도전이 없다면 군사적 착취, 종교의 신비화, 그리고 자본주의의 방향전환 너머로 부가 갖는 폭발적 성격, 낭비적 특성, 넘침의 의미를 깨닫는 사람은 이제 아무도 없을 것이다.'

매년 카누축제를 개최하는 부족과, 카누를 타고 상륙한 모든 부족들이 함께 머무르면서 프로토콜을 한다. 축제를 여는 부족은 모든 정성을 다해 음식과 숙박을 모든 카누여행 부족민들에게 제공한다. 매일 부족들이 프로토콜을 통해 자신들의 존재를 알리고 춤과 노래를 선보이고 많은 선물을 선사한다. 선물은 목걸이, 조각된 거대한 노, 그림, 조각 등 귀한 것들이 아주 많다. 특히 밤마다 100여 명이 손북을 두드리며 노래를 시작하면 수백 명의 사람들이 이들을 둘러싸고 같은 리듬으로 춤을 춘다. 음악과 사람들의 형상이 어우러진다.

이렇게 모든 부족들이 흥겹게 축제를 행하고 마칠 때면 카누여행을 개최하는 부족은 최고의 만족을 얻는다. 북서 해안뿐만 아니라 내륙의 부족에도 형식은 다르나 이런 성격의 행사들이 있다. 인류가 살아온 발자취 속에서 사람들의 공동체에서 이것보다 더한 핵심요소는 없어 보인다. 부족원 래리는 이렇게 말한다.

"카누여행의 의미는 잃어버린 것을 자신이 다시 찾는 것입니다. 그 중 핵심은 우리 조상들이 어떻게 살았는지를 다시 얻으려 애쓰는 것입니다. 여기 모인 사람들은 언젠가 죽겠지만 이들이 알고 있었던 것을 다음 세대에게 가르쳐야 합니다. 사람들이 모두 롱 하우스에 모여 다함께 노래하는 것, 이것이 여행의 핵심입니다."

Part 2

제4세계의 기원

: 삶의 모습, 그 뿌리를 찾아서

아나사지는 북미 최대의 원주민 부족 문명지다. 기원전부터 14세기까지의 역사의 흔적을 간직한 고대 절벽 거주지들이 있다. 미국 서남부 유타, 콜로라도, 뉴멕시코, 애리조나 주에 걸쳐 16곳의 척박한 공간에서 공동체를 이루었다. 지금 이곳에는 나바호족, 호피족, 19개의 푸에블로족과 아파치족, 그리고 수많은 부족들이 명맥을 유지하며 살아가고 있다. 이들은 인간이 살기 가장 어려운 공간(절벽마을, 화산대지, 로키산맥의 봉우리들 등)에 가장 완벽한 건축 문명을 이룩했다. 뉴욕의 고층빌딩이 올라가기도 전인 19세기까지 이곳에는 인류가 이룩했던 가장 큰 공동체 건축물이 세워졌다. 또한 자연과 가장 조화롭고, 자연을 이해한 느린 삶의 예술품들이 곳곳에 있다. 인간의 가장 정교한 감각과 기술로 이루어진 건축물들을 보고 있으면 불가사의한 마술적 순간을 경험할 수 있다. 또한 지구 생태계와의 조화와 평화를 소통하는 서남부 원주민의 가을 의식과 인간이 성장하면서 거치는 통과의례에서는 아름답고 경건한 원주민들의 정신세계를 엿볼 수 있다.

비를 내리게 하는 기도송

어머니시여, 나의 땅을 네 번 수많은 꽃들로 감싸주소서.

저 하늘을 겹겹이 쌓인 구름들로 둘러주소서.

이 땅을 안개로 씌워주소서; 이 땅을 비로 덮어주소서.

위대한 물의 정령이여, 비의 신이여, 이 땅을 적셔주소서.

번개의 빛으로 이 땅을 비춰주소서.

그리하여 천둥소리가 이 땅 위에 울리게 하소서.

천둥소리가 들리게 하소서.

천둥소리가 이 땅 위의 모든 여섯 대륙 위에 울려 퍼지게 하소서.

– 주니족의 시

아나사지인의 자취

자동차가 미국 서남부 지방으로 들어서자 온통 누런 흙빛의 드넓은 풍경이 펼쳐졌다. 완만하고 낮은 구릉지대와 불규칙적으로 흩어져 있는 바위와 사막 식물들이 땅과 어우러져 묘한 색을 이루고 있다. 온도계가 섭씨 41도를 가리키는 오후, 길을 좇아 뉴멕시코를 가로질렀다. 뜨거운 열기를 내뿜는 이곳에서 원주민들은 어떻게 살았을까? 이곳에서 살다간 사람들의 삶이 궁금해졌다. 미국 서남부의 뉴멕시코, 애리조나, 유타, 콜로라도 지역에는 북미 최대의 원주민 문명인 아나사지 Anasazi* 문명이 있었다. 아시아에서 출발한 사람들은 만 년간 베링해를 지나 알래스카,

나바호 부족공원이 있는 카엔타의 계곡

＊초기 고고학자들이 나바호어로 된 이름을 영어화한 것으로 '다른 사람들이 살던 곳', '옛 사람들'이란 뜻이다. 좀 더 구체적으로 말한다면 '전에 이곳에 살다가 떠난 사람들'이란 뜻이다.

일부는 북극, 대부분 북미 대륙으로 들어왔고 그들의 일부가 이곳 서남부 지역을 가로질러 문명을 이룩했는데, '걷는 사람들'이라 불린 이 지역 원주민들은 오늘날 나바호족과 아파치족, 호피족 등 열아홉 개의 부족으로 흩어져 사는 푸에블로^{Pueblo} 원주민의 선조들이다. 고대 원주민들이 처음 이곳에 온 것은 기원 이전으로 추정된다. 이 지역의 아나사지 문명은 바스켓 메이커^{Basket Maker} 1기(미상~기원전 300년), 바스켓 메이커 2기(기원전 300년~기원후 400년), 바스켓 메이커 3기(기원후 400년~700년), 푸에블로 1기(기원후 800년~1000년), 푸에블로 2기(기원후 1000년~1200년), 푸에블로 3기(기원후 1200년~1400년)로 나눌 수 있다.

바스켓 메이커 원주민의 기원은 알려진 것이 별로 없지만, 바구니 제조 기술을 갖고 있었고 수렵 및 채집 생활을 주로 했다. 돌칼과 작살을 이용해 사냥하고, 옥수수나

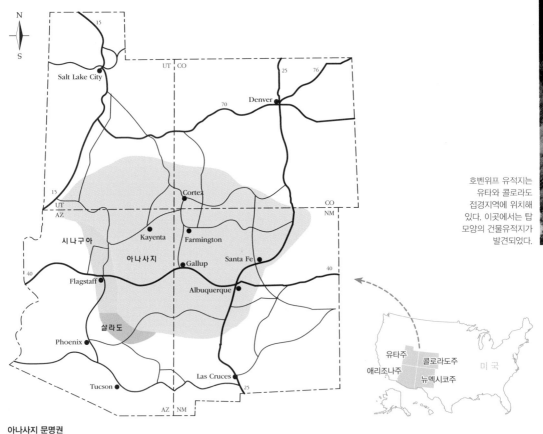

호벤위프 유적지는
유타와 콜로라도
접경지역에 위치해
있다. 이곳에서는 탑
모양의 건물유적지가
발견되었다.

아나사지 문명권
유타, 콜로라도, 애리조나, 뉴멕시코 주에 걸쳐 넓게 분포한다. 이웃한 시나구아와 살라도 문명은 애리조나주에 위치한다.

호박 등을 심었다. 메사베르데 박물관에는 이들이 사용했던 지혜로운 도구들과 유물들이 전시되어 있다. 바스켓 메이커 2기에는 우리나라 신석기 유적지와 비슷하게 생긴 굴이나 큰 바위 아래에서 정착생활을 시작했다. 최초로 얕은 움집을 만들고 살았던 집터가 발견되었는데 불을 피운 자리와 생활터들이 고스란히 보인다. 움집은 지상을 1미터 정도 파고 들어가 공간을 만든 다음에 가시덤불과 진흙을 섞어 지붕을 덮었으며 움집들의 연대기는 기원전 1000년보다 더 오래된 것도 발견되었다. 큰 구덩이에

애리조나 플래그스태프 근처의 밤나무 계곡

식품을 저장하고 커다란 돌을 덮어 두었다. 바스켓 메이커 3기부터는 직조 기술과 토기 제작 기술이 도입되기 시작했다. 키바Kiva라고 하는 제사나 의식을 지내는 원형의 구조물도 발견되었다. 제법 마을 규모도 커졌고 콩을 비롯한 몇 가지 곡물을 경작하여 토기에 넣어서 보관했다.

기원후 800년경 푸에블로 시기에는 새로운 유형의 건축물이 등장했다. 차코 협곡의 여러 유적지에서 보이듯이 움푹하게 깊고 커다란 키바들 주위로 돌로 만들어진 방들이 있다. 방들은 유기적으로 연결되며 광장이나 바깥으로 출입할 수 있다. 1000년경의 푸에블로 2기 때는 다층식 건축물을 지었고 1200년경 푸에블로 3기에 다양한 건축물이 세워진다. 1300~1400년경 아나사지 사람들은 새로운 땅과 물을 찾아 흩어지기 시작한다. 이들은 곧 다른 문화와 섞이며 역사의 한 부분을 마무리했다.

하지만 역사 속으로 사라져 버린 그들의 문화가 유적으로 남았다. 아나사지 문명의 절정이었던 푸에블로 시기의 건축물들이 척박한 자연환경과 천 년이 넘는 세월을 버텨내어 눈앞에 나타났다.

함께 하는 조화로운 삶, 푸에블로

지난 4~5년간 찾아다닌 아나사지 유적지는 뉴멕시코의 차코 협곡을 비롯해서 콜로라도주의 메사베르데, 그리고 뉴멕시코의 리오그란데강 일대, 유타와 애리조나의 접경지역인 카옌타 지역, 애리조나 플래그스태프 인근의 우파키 유적, 피닉스 인근

뉴멕시코 리오그란데강 근처의 타오스 푸에블로 보호구역

의 몬테주마와 살라도 마을, 애리조나 북부 포코너스$^{Four Corners}$* 인근의 나바호 보호구역 내의 캐니언 드 셰이 등이고 유적지들은 열여섯 지역의 수백 곳에 이른다. 하나같이 이런 곳에서 어떻게 살았을까 하는 의문이 드는 곳들이다. 아나사지의 고원 마을과 절벽 마을들은 세계에서 가장 높은 마을 중 하나였다. 북미 대륙의 등뼈라 할 수 있는 로키산맥이 끝나는 지점에 위치하고, 강의 원류가 서로 다른 방향으로 나뉘어 두 개의 대양으로 흘러가는 그 분기점에서 멀지 않은 곳에 있다. 태양과 천둥과 번개, 그리고 바람과 함께 오는 폭풍, 그리고 한치 앞도 볼 수 없이 어두컴컴한 날씨 등 건조하고 높은 고원의 기후 요소들은 거칠다.

미국 서남부의 흙빛은 대체로 누런색이다. 누런 흙 위로 피어난 형형색색의 식물들도 대체로 누런 흙빛이 담겨 있다. 고대 푸에블로 유적지는 아나사지인이 만든 독특한 건축물의 결과다. 아나사지인이 살았던 고원 지대와 그들이 피신처로 삼았던 절벽 계곡은 혹독한 기후였음을 알 수 있다. 매년 기록되어 남아 있는 아나사지 나무들의 나이테에서 사계절의 리듬과 각 계절의 변화를 읽어낼 수 있는데 무엇보다 이 메마른 곳에서 성장을 한정시키는 습도의 큰 차이를 볼 수 있다. 그 당시 여름은 지금처럼 뜨겁고 건조하지 않았다고 추정된다. 아나사지인은 살 곳을 발견하고 일정기간 지낼 곳을 선택했고 그들만의 방식으로 마을을 만들었다.

기원후 700~750년에 시작된 포코너스 지역의 아나사지 문명은 태양에 구운 진흙과 짚을 섞어 만든 어도비^{adobe} 벽돌을 애용해 지은 건축물로 대표된다. 어도비 건축 양식으로 지어진 이러한 구조물을 푸에블로라고 한다. '사람', '마을'을 뜻하는 스페인어인데 이러한 종류의 건축물을 일컫기도 한다. 뉴멕시코의 산타페를 비롯한 여러 마을에서 푸에블로를 쉽게 찾아 볼 수 있다. 몇 개의 방에 불과한 것에서부터 수백 개의 방이 연결된 것에 이르기까지 그 크기와 규모에 상관없이 푸에블로는 비슷한 건축학적 구조를 가졌다. 통나무로 만든 틀에 어도비 벽돌을 붙이고 평평한 지붕을 얹었는데, 필요에 따라 층을 다르게 할 수도 있어서 북미 최초의 공동체 주택을 형성할 수 있었다. 아나사지인의 공동 건축은, 인간 삶의 조건을 모두가 같이 살아가는 것을 기

* 포코너스는 미국 서남부에 있는 유타, 콜로라도, 애리조나, 뉴멕시코의 네 개주가 만나는 지역이다.

타오스 푸에블로 마을에서
전통적으로 사용되어온 화덕.
음식을 조리하는 데 쓰였다.

어도비 건축양식을
볼 수 있는 타오스
푸에블로 마을.
여러 방들과 공간이
연결되어 있다.

반으로 한 데서 비롯했다. 유기적으로 세워진 건물에 개인이 생활하면서 복잡한 대가
족 형태를 이루는 공동주택의 삶은 인간 공동체뿐 아니라 자연 공동체 속의 삶이다.

　　다양한 지질과 식물들이 자연의 기반을 마련했다. 계곡 바닥에 뿌리를 내린 나무
들은 먹이사슬을 이루는 중심이 되고, 푸른 숲이 계절마다 변덕스럽게 내리는 비를 받
아서 흙속에 모아 두고 강에 그 물을 공급했다. 잣나무와 샐비어 나무가 뒤섞여 식물
계를 이루어 생명의 조화를 보여 주고 있다. 원주민들은 이러한 생태적 다양성을 이해
하고 생명 유지의 기반으로 삼아 주변 자연 환경에 따라서 이동할 곳을 결정하고 자연

의 장소를 이용하는 지혜를 습득했다. 이들은 바위로 가득찬 땅의 지층을 읽어냈으며 땅의 기운을 찾아냈다. 많은 유적지는 고대 원주민의 삶을 담고 있고 이들이 이 땅의 기운을 얼마나 잘 이해하고 환경에 적응했는지를 알려준다. 각 마을은 모두 평화롭고 조화로운 하나의 생명체로 거친 자연과 더불어 살아갔음을 보여준다.

각 마을의 건축양식은 솔직하고 꾸밈없는 존재로서의 삶을 보여주고 의식이나 제식을 위한 장소도 없으며, 가장 단순하고 자연스럽게 지어졌다. 수납을 위한 출입구도 없었으며, 대문도 따로 없었다. 아나사지인은 그들의 세상을 정확하게 인식하며 이해했다.

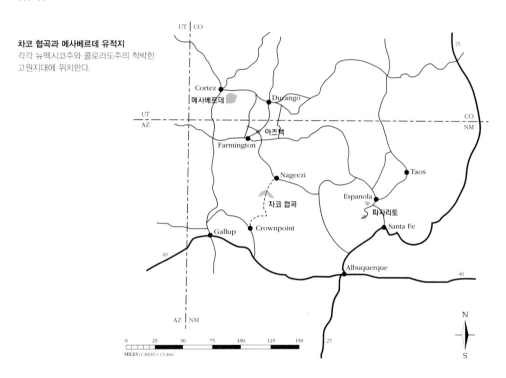

차코 협곡과 메사베르데 유적지
각각 뉴멕시코주와 콜로라도주의 척박한
고원지대에 위치한다.

타오스 푸에블로 보호구역 독수리둥지호수

차코 협곡에 세운 아름다운 마을

침식지형인 차코 협곡Chaco Canyon은 로키산맥의 지대와 추스카산맥이 가로지르는 산후안 분지San Juan Basin의 건조한 고원 가운데에 있다. 사람들이 살지 않는 불모지다. 천 년 전 정착한 푸에블로 원주민들은 계곡을 따라 대규모로 건물들을 세우고 주변을 연결하는 도로망을 만들었다. 이 마을들이 들어설 무렵인 7~8세기 이곳은 석기 문명 기였다. 이들이 세운 건축물은 근대 서구 도시문명이 들어서기 전 인류가 만들어 낸 가장 큰 건물이었다. 인간의 힘으로 이것들을 만들었다고 하기엔 불가사의해 보인다.

푸에블로 건축기술의 절묘함을 보여주는 차코 협곡에는 12개의 대형 푸에블로와 여러 개의 유적이 남아 있다. 건물들은 920년경부터 1120년경 사이에 인구가 번성했던 시기에 생겨난 것으로 푸에블로 2기로 분류된다. 차코 협곡의 해발고도는 1,860미터이며 다섯 개의 큰 유적지가 약 800미터 간격으로 흩어져 있다. 대형 키바가 있는 카사 린코나다Casa Rinconada는 남쪽 협곡의 중요한 유적이다. 북쪽 절벽 아래 계곡에 위치한 푸에블로 보니토Pueblo Bonito는 스페인어로 '아름다운 마을'이란 뜻인데, 3에이커(약 12,140제곱미터)가 넘는 넓은 땅 위에 세워진 아나사지의 대표 건물로 미국 내 최고의 선사유적지이다. 이곳은 600여 개의 방, 22개의 종교시설을 갖추고 만 5천여 명의 사람들이 함께 생활한 공동주택이다.

　　150년에 걸쳐 완성됐다는 푸에블로 보니토를 보니 문득 '느린 건축'이란 말이 떠올랐다. 가우디의 성당 건축을 보았을 때와 유사한 감동을 받았다. 벽면은 잘게 쪼갠 돌 조각을 쌓고 사이사이에 진흙을 채워 넣었는데 얼마나 빼곡히 들어찼는지 마치 오래된 지층을 보는 듯한 느낌이 들었다. 이 건물을 짓는데 사용된 돌 조각의 수가 무려 1억 개 이상이라고 한다. 원주민들이 맨손으로 만든 이 건물은 주변의 자연과 닮았다.

　　아나사지인은 주변 지형을 잘 이용했는데, 푸에블로 보니토는 북쪽 절벽이 겨울

푸에블로 보니토는
수천만 개의 돌들이
우주처럼 얽혀 있다.

에 바람을 막아 주고 볕이 잘 드는 장소에 세워져 각 계곡이 유적지를 포근히 감싸 안고 있다. 발 닿는 곳마다 쌓여 있는 돌담을 쓰다듬어 보았다. 상당히 정교했다. 부서진 벽면만 봐도 완전한 건물 전체 모습이 떠올랐다. 그 어떤 현대의 건축물보다 아름답다. 시간의 아름다움과 더불어 인간의 체온이 느껴지는 건축물에서 이들의 공동생활을 엿볼 수 있다. 이 공동체는 정신적으로 연결되어 경쟁하지 않고 평등했고 땅 위에서 농사를 짓고 예술 활동을 하며 살아갔다.

초기의 차코 협곡에는 여섯 개의 큰 푸에블로 공동체들이 있었고, 모두가 대략 비슷한 시기에 시작되었다. 마침내 거기에는 75개가 넘는 차코와 관련된 푸에블로 커뮤니티들이 생겼고, 이는 각각 수십만 그루의 나무들이 건축을 위해 베어졌다는 것을 의미한다. 이렇게 많은 나무들을 산골짜기나 언덕 등지에서 벌목하는 것은 아마도 그 지

푸에블로 보니토의 외벽

역 전체에 크나큰 재해를 일으켰을 것이다. 나무들이 사라짐으로써 더 이상의 건축이 불가능하게 되고 심지어는 불을 피우기 위한 나무조차도 모자라게 되었을 것이다.

그런데 1150년에서 1250년 사이에 가장 번영했던 아나사지인들의 문명은 역사에서 사라졌다. 이들이 땅을 버리고 떠난 이유에 관해서는 논쟁이 많지만 13세기에 이곳에 찾아온 큰 가뭄 때문일 거라고 믿고 있다. 아나사지 나무의 나이테에서 1276년과 1299년 사이에 큰 가뭄이 있었음을 밝혀냈는데 이 시기가 아나사지 사람들의 이동시기와 일치하기 때문이다. 아나사지인들은 모골론, 살라도 또는 호호캄 부족이 살고 있던 남쪽의 하천 유역과 산맥 쪽으로 이동했고 이들이 살았던 곳은 오랫동안 텅 빈 채 남아 있었다. 100여 년 가까운 세월이 흐른 뒤에야 나바호나 우테 같은 새로운 부족이 들어와서 살았고, 그 후에는 스페인을 필두로 해서 유럽 여러 국가의 이주민이 들어오기 시작했다.

아나사지인들이 지은 건물은 그곳의 모든 자연환경과 닮았다. 그들은 집을 만들

푸에블로 보니토 벽면

어 영혼을 불어 넣었다. 이곳저곳을 걸어 다니며 벽을 더듬어 보고 돌 위에 걸터앉아 벽들을 바라보았다. 벽들에 박힌 수십만의 돌들이 물결치고 퍼져 나가는 듯하다가 어느 지점에서 다시 만나 솟아오른다. 아나사지는 구석구석 강력한 에너지가 넘쳐나는 곳이다. 현대 문명은 인간의 본능을 유약하게 만든다. 이곳에서 인간의 손으로 이루어 낸 거대한 우주를 만난다. 아나사지가 뜻하는 '다른 사람들이 살던 곳'에서 다른 사람들이란 외계인을 말하는 것이 아닐까 엉뚱한 생각도 해보았다. 자연과 더불어 산 옛 사람들의 발자취를 따라간 시간이었다.

정교한 조형미의 메사베르데

가을의 푸른 하늘 아래로 콜로라도의 들꽃과 나무색이 점차 다채로워지고 있다. 콜로라도주는 스페인어로 '붉은 빛을 띠다'는 뜻이다. 콜로라도주의 로키산맥 남쪽 끝 부분에 메사베르데Mesa Verde가 숨어 있다. 이곳이 발견된 것은 19세기 말이다. 1906년 미국 최초의 국립공원으로 지정된 곳이고 1978년에 유네스코 문화유산으로 등록되었다. 스페인 탐험가가 지은 이름은 '녹색의 대지'이지만 오히려 노랑 계열의 색이 넓게 퍼져 있고 거기에 녹색이 섞여 있는 듯이 보인다. 잣나무와 곱향나무 등이 자라고 있

스파루스 트리
하우스 내부

는 해발 2,133미터의 고원지대다. 메사베르데까지 이르는 길은 계속 절벽을 돌아 휘감으며 올라간다. 원주민 친구 이야기로 이곳에서 내려다보면 예전에는 200킬로미터까지 한눈에 들어왔는데 요즘은 공해로 인해 시야가 100킬로미터로 줄었다고 한다. 그래도 우리가 지내는 쉽록Shiprock은 한눈에 들어온다. 여기서 쉽록까지는 65킬로미터 떨어져 있다.

메사베르데는 내가 지내는 곳에서 가깝고 여러 유적지들 중에 가장 멋지게 지어진 곳이라 이곳을 여러 번 들르게 되었다. 메사베르데에서의 첫 흔적은 기원전 600년으로 올라가는데 비교적 농작물이 잘 자라고 계곡에 물이 있어서 우선 정착한 것으로 보인다. 하지만 겨울에는 아주 매서운 추위가 찾아오는 곳이다. 고고학 보고서에 따르면, 메사베르데는 13세기경이 가장 절정기여서 3천 명이 넘는 사람들이 거주한 것으로 보이고, 북서쪽 계곡에는 보다 많은 사람들이 살았던 것으로 추정한다.

'어떻게 인간이 이렇게 높은 산 속에 들어와서 살게 되었을까? 무엇이 두려워서 이 산속까지 왔을까?' 하는 의문과 함께 발을 재촉해 절벽 아래의 유적지로 내려갔다. 메사베르데 국립공원 내에는 217만 제곱킬로미터에 달하는 아나사지 정착지가 있다. 이곳은 도시 코르테즈와 관광도시인 듀랑고 사이에 위치한다. 절벽 마을의 진수를 볼 수 있는 이곳은 다양한 거주지들이 흩어져 있다. 대표적으로 발코니 하우스^{Balcony House}, 스퀘어 타워하우스^{Square Tower House}, 뉴 파이어 하우스^{New Fire House}, 절벽 궁전^{Cliff Palace} 등이 있다. 대부분 자연 절벽의 아래에 자리하고 있는데 이곳에는 초기 움집과 푸에블로, 어도비 벽돌 건축물도 있다. 푸에블로 1기에 해당하는 고고학 기록이 완전하게 존재한다. 스파루스 트리 하우스에 들어서자 이층으로 된 구조물이 들어오고 작은 키바들도 여러 개 눈에 띈다. 중간크기 키바에 들어가자 제법 아늑하고 햇빛이 광선처럼 비쳐 들어와 따뜻하게 느껴진다. 방 앞에는 곡물을 가는 돌판과 미는 돌도 보인다. 1200년경부터 원주민들이 절벽 아래에서 거주했으나 본격적으로 살았던 기간은 50년 정도라고 한다. 1300년경엔 사람들이 대부분 이곳을 떠난 것으로 보인다.

절벽 궁전
내부

스파루스 트리
하우스 내부

절벽 궁전으로 들어서자 정교하게 지어진 집들이 조형미를 자랑하며 들어서 있다. 촘촘한 벽돌은 고지대의 넓은 동굴을 아주 아늑한 요새처럼 만들고 있고 다른 유적지보다 조금 얇은 벽면과 비교적 간단히 제작된 지붕으로 만들어졌다. 격자 형태로 만들기 위해 8개의 통나무를 사용했고 대형 목재를 사용해서 들보를 연결하고 진흙을 덮었다. 절벽 궁전은 각기 모양도 다양해서 같은 건축물이 하나도 없었다. 그래서인지 다른 아나사지보다 독창적으로 느껴졌다. 특히 원형탑이 아름답게 쌓여 있다. 이곳에는 217개의 방과 23개의 키바가 있고 250명 정도가 함께 거주한 것으로 추정된다. 거

절벽 궁전
전경

의 완전한 원형이 보존되어 있어 깊은 감동이 느껴졌다. 다른 아나사지보다 기술적으로도 제일 나아 보이는 정교한 건축들이다. 이곳의 모든 유적지들의 공통점은 자연으로부터 안전하게 보호받게 설계했음을 알 수 있다. 대부분 겨울에는 햇빛이 잘 들고 안쪽으로 여러 기능을 가진 방들이 자리했다. 이곳에서는 계곡 아래위로 사다리를 이용하거나 계단이나 탑을 이용해서 다녔다.

안내원의 설명을 뒤로 하고 천천히 유적지 내부를 살펴보았다. 아름답다. 10월 말 이후에는 공원 출입이 제한된다고 했다. 돌아나가는 길에서 눈 덮인 절벽 궁전의 겨울 모습이 떠올랐다.

나는 걷겠노라

나는 누군가의 누옥을 찾아서 걷겠노라.

누군가의 누옥을 찾아서 나는 걷겠노라.

그대의 누옥을 찾아서, 나의 가장 사랑하는 사람이여,

어느날 밤 나는 걷겠노라, 나는 걷고 또 걷겠노라.

어느 추운 겨울 밤, 나의 사랑하는 사람이여,

그대의 누옥을 찾아서 나는 걷겠노라, 걷고 또 걷겠노라.

그리고 오늘 바로 이 밤, 나의 사랑이여,

그대의 누옥을 찾아서 나는 걷겠노라, 걷고 또 걷겠노라.

– 치파와족의 시

해가 뜰 때의 기도

오늘 이 날 이 때

나의 태양 아버지시여

이제 당신이 서계시던 그 신성한 장소로부터 나오셨으니,

그로부터 우리가 모든 생명의 물을 받는,

기도의 만찬,

당신께 여기 드립니다.

당신의 오랜 삶,

당신의 높은 연세,

당신의 물들,

당신의 씨앗들,

당신의 부유함,

당신의 권력,

당신의 강성한 영혼,

이 모든 것을 나에게도 부디 허용하여 주소서.

- 주니족의 시

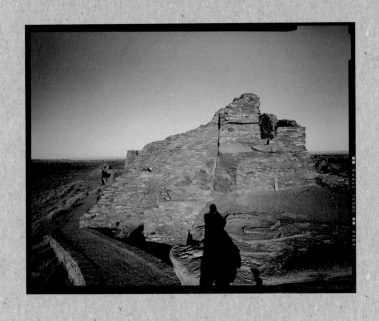

부서진 도자기

미국의 국립공원에는 사람들의 공통된 모습이 있다. 관광객들은 안내소 안의 그림엽서를 보면서 공원 안에서 무엇을 볼 것인지 미리 살핀다. 그런 후 자신이 본 엽서와 실제가 어떻게 다른지 확인해 본다. 이것은 자연을 그대로 마주하기에 앞서 선입관을 만드는 것처럼 보인다. 인쇄물은 물리, 화학적으로 과장되어 상업적인 목적으로 인쇄되었기에 자연의 부드럽고 살아 있는 색, 세세하고 고운 빛깔을 많이 놓치고 있었다.

오후에 도착한 나바호 원주민 마을 친닐 입구에는 낡은 차량 몇 대와 원주민 좌판 상인들이 한가롭게 앉아 있다. 이곳은 해마다 많은 사람들이 찾는 관광지로 보호구역에서는 보기 드물게 모텔이 있다. 마을 인근 캐니언 드 셰이^{Canyon de Chelly}에 가기 위해

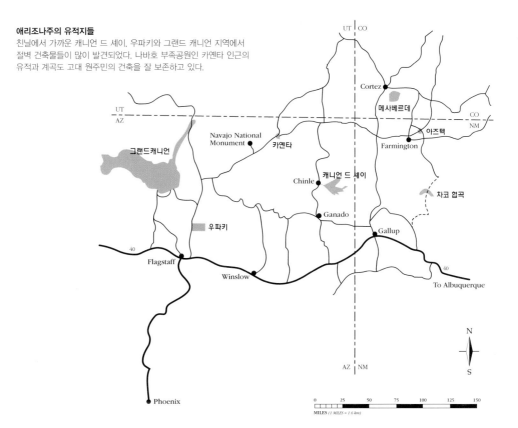

애리조나주의 유적지들
친닐에서 가까운 캐니언 드 셰이, 우파키와 그랜드 캐니언 지역에서 절벽 건축물들이 많이 발견되었다. 나바호 부족공원인 카엔타 인근의 유적과 계곡도 고대 원주민의 건축을 잘 보존하고 있다.

캐니언 드 셰이는 두 계곡으로 갈라진다. 절벽 아래로 길이 보이고, 차를 타고 계곡 아래를 다니다 보면
농사를 짓는 원주민들을 만나기도 한다.

서 계곡 공원 안내소에 들르니 원주민 안내인 없이는 들어갈 수 없다고 한다. 안내인
을 동반하여 차를 타고 출발했다. 계곡이 많이 험해서 사륜구동차가 아니면 계곡을 원
활히 다닐 수 없다. 그러나 막상 들어선 계곡 안은 포근한 느낌이었다.

바위에 새겨진 삶의 흔적

차코 협곡에서 140킬로미터 떨어져 있는 캐니언 드 셰이는 나바호 말로 바위협곡

을 의미한다. 캐니언 델 무어토^{Canyon del Muerto}와 모뉴먼트캐니언^{Monument Canyon}이라고 하는 커다란 두 협곡과 함께 국립천연기념물로 지정되어 있다. 협곡 안 여러 곳에서 유적과 바위그림을 발견할 수 있다. 일부 유적지는 언덕 위에서 아래로 내려갈 수도 있는데 계곡은 태초의 느낌을 보여주는 절벽과 바위의 풍채가 사람을 압도한다. 캐니언 드 셰이에는 2005년부터 네 번을 다녀왔는데 쉽록에 머무를 때 두 번 답사했다. 그 중 한 번은 화이트 하우스까지 하이킹을 해서 절벽 아래로 걸어 내려갔다. 긴 절벽을 지그재그로 내려가다 바위 계곡을 지나 조그마한 목장을 거쳐서 계곡 사이의 숲을 지나자 절벽 아래쪽에 유적지가 드러났다. 지나는 바위들의 색은 곱고 아름다운 노란 빛깔이었다. 유적지는 이제 울타리를 쳐 놓아서 들어가지 못하도록 했다.

계곡 바닥에서 약 30미터 위의 절벽 구멍에 집들이 있다. 절벽 유적지에서는 수백 개의 암각화도 발견되었다.

화이트 하우스 유적지

이 유적지를 기록한 사진가로는 안셀 아담스 Ansel Adams 와 여성 사진가 로라 길핀 Laura Gilpin 이 있다. 두 명 다 서부 지역에 살았다. 역사적으로 캘리포니아의 많은 사진가들이 서남부 지역을 여행하고 사진으로 남겼다. 미국 원주민 사진하면 보통 에드워드 커티스 Edward Cutis 가 떠오르는데 원주민의 모습을 무척이나 낭만적으로 묘사했다. 현대로 보자면 유명한 패션 사진작가로 볼 수 있다. 그는 마차에 원주민 의상을 싣고 다니며 원주민 마을에 가서 한 장 한 장 낭만적으로 묘사했다. 커티스는 평생 부유하게 살았고 원주민 사진작업을 하는 동안 미국 부자들의 후원을 받았다. 이들은 자신들이 파괴한 원주민의 문화를 정리해 보여줌으로써 현재 자신들이 누리는 모든 것에 정당성을 부여했다. 커티스의 경우 사진을 리터칭과 금으로 토닝해서 아름답게 만들어 고가에 판매함으로써 백인들의 죄의식을 벗겨내는 작가로서의 역할을 충실히 했다. 그리고 원주민 스스로 그들의 전통을 어기고 없애서 스스로 지금의 모습이 되었다는 식으로 생각하게끔 만들었다.

이와 상반된 작업을 한 작가도 있다. 캘리포니아의 사진가 애덤 클락 브로먼^{Adam} ^{Clark Vroman}도 이곳을 많이 다녔다. 그의 사진 형식은 일정한 거리를 가지고 최대한 묘사에 중점을 두는 것이었다. 사진에서 작가가 느껴지지 않고 오직 대상들만 존재한다. 브로먼의 작업은 여러 정보와 분위기를 정확히 전달한다. 100년도 더 오래전에 마차를 타고 다니며 촬영 다녔을 그들을 상상해 본다. 나도 그들처럼 곳곳을 다니며 사진을 만들었다.

협곡만으로 30킬로미터가 넘는 이곳에는 자연생태계가 비교적 잘 보존되어 있는데 발견된 아나사지 부지만도 700곳이 넘는다. 이곳도 기원전부터 사람들이 존재해왔다고 추정된다. 머미케이브^{Mummy Cave} 하우스에서 발견된 나이테의 연대를 추적해 보

캐니언 드 세이, 앤털로프 하우스 인근의 유적지

앤털로프 유적지 인근의 암각화

면 기원후 300년부터 1270년 사이에 존재한 나무들이다. 지금은 자동차를 타고 이 강의 협곡 바닥을 다닌다. 비가 오는 우기에는 자동차가 다닐 수 없고, 독특한 강의 지형을 이해해야 탈 없이 다닐 수 있다. 퀵샌드quick sand라고 불리는 곳엔 한번 빠지면 도움 없인 못 나온다.

계곡 가장자리에 정착지들이 보인다. 아나사지인은 이 계곡과 협곡을 다니기 위해 완전하지 않은 길에 돌을 깎거나 발판을 만들어 자유자재로 다녔다. 1150년경 600명 이상의 사람들이 거주한 것으로 보이고, 1300년 이후엔 아무도 살지 않고 모두 떠났다. 차코 유적지를 둘러본 이후라 이곳의 건물들은 작아 보였다. 이곳 유적들의 특징은 절벽을 이용했다는 것과 집들이 작지만 절벽과 어울려 웅장한 기품이 느껴진다는 것이다. 세월이 만든 절벽의 무늬와 투박한 모양의 집들이 보였다. 절벽 하단부나 절벽 내에 만들어진 집은 자연재해를 피하기에 천혜의 요새다. 이곳에 살았던 사람들도 농사와 더불어 채집생활을 했는데 옥수수, 콩, 야생열매, 씨앗 등이 최근에도 발견된다. 푸에블로 3기인 1125~1300년 사이 칠면조를 길러서 식량으로 사용하고 깃털을 이용했다. 캐니언 드 셰이에서 발견된 유적지의 조사 결과 약 3천 년간 사람들이 살아온 것으로 보이며 현재에도 원주민이 거주하고 있다.

아시아, 시베리아, 북유럽에서 많이 보이는 바위그림은 미국 서남부에서도 많이 발견되는데 이곳에서도 협곡 사이마다 암각화를 많이 만나게 된다. 뉴멕시코주의 전

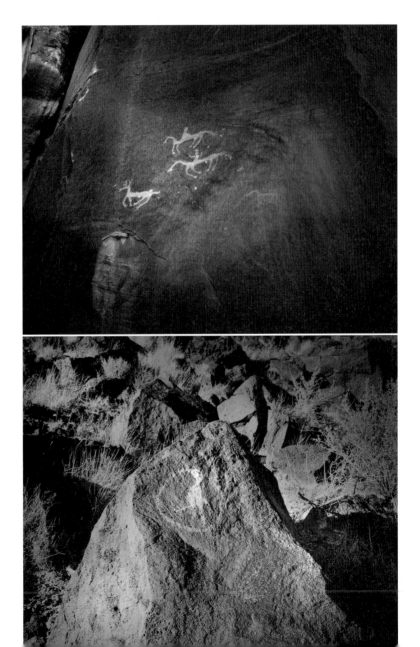

캐니언 드 세이
절벽 건축물

역에서 발견된 암각화는 긴 연대에 걸쳐 기록되었다. 앨버커키^{Albuquerque}의 암각화 국립공원에서도 수백 년에 걸친 바위예술을 찾을 수 있다. 캐니언 드 셰이의 암각화도 수많은 동물, 사람들의 모양이 그려져 있다. 짐승들을 사냥하는 사람 모습도 보인다. 말을 탄 사람들과 사슴들, 사냥하는 모습, 피리 부는 남자, 동·식물, 목축의 삶의 일상, 스페인 정복자 등……

곳곳의 모랫길에 차들이 다녀 움푹 파인 곳이 많았다. 예상대로 가다가 헛바퀴를 돌며 나아가지 못하자 사륜구동차의 도움으로 겨우 빠져 나왔다. 바위 절벽마다 각기 다른 모양의 커다란 무늬들도 발견된다. 붉은 바위 계곡은 망간 산화물로 생긴 검은 무늬를 커다랗게 늘어놓은 모양이다. 이 물질은 메탈로지니움이라고 하는 박테리아가 비를 맞아 활성화될 때 분비되는 효소에 의해 공중에 있는 망간이 가라앉아 생겨나게 된다. 붉은 바위는 사암이고 약 2억 년 된 것으로 추정한다.

계곡을 따라가다 보면 절벽 위에서 여러 생명의 흔적을 볼 수 있다. 이곳에서 서로 상호작용하는 자연을 보며 지구는 살아 있는 생명체임을 다시 느낀다. 협곡 사이의 유적지를 만나면 유적지가 절벽과 하나된 장엄한 건축물이라는 인상을 받는다. 날카롭고 때로는 장엄하며 포근하게 감싸주는 형상을 보이기 때문인데 영원한 자연과 잠깐의 인간의 흔적이 완벽한 조화를 이루고 있다. 상상해보자. 밝은 달이 둥실 떠 있는 밤, 계곡 곳곳에서 불이 피어오르고 사람들이 축제를 위해서 절벽 사이로 무리지어 내려온다. 이들은 몇 백 미터 계곡을 날듯이 오르락내리락 한다. 마술적이란 말은 이런 상황을 일컫는 말이 아닐까?

절벽에 선 오두막집

캐니언 드 셰이와 나바호 부족공원의 유적지는 나바호 보호구역 내에 있다. 나바호 보호구역의 대부분은 애리조나에 속해 있고 일부만 뉴멕시코, 유타, 콜로라도에 속해 있다. 애리조나와 유타의 경계에 자리한 카옌타^{Kayenta} 유적지는 가장 규모가 크고 웅장한 규모의 절벽 거주지를 자랑한다. 카옌타에는 세 곳의 큰 유적지가 있는데 한 곳^{Inscription House}은 많이 망가져서 출입이 안 되고 나머지 두 곳, 베타타킨^{Betatakin}과 킷실^{Keet Seel}은 각각 아주 커다란 절벽 동굴 아래에 자리 잡고 있다.

나바호
부족공원에 위치한
베타타킨 유적지

　카엔타는 수많은 산들에 둘러싸여 있는데 남쪽에는 블랙메사, 북서쪽에는 나바호 산, 북동쪽에는 모뉴먼트 밸리가 있다. 잣처럼 식품으로 사용하는 피뇬Pinon 소나무와 곱향나무로 덮여 있고 대형 협곡들이 겹겹이 자리하고 있다. 카엔타에 거주한 원주민들은 기원전 750년부터 기원후 1300년까지 블랙메사 북쪽에 위치한 콜로라도 고원지대에서 생활했다. 약 2천 년 동안의 생활이 끝나갈 때, 세기 계곡Tsegi Canyon의 식물이 자라는 곳과 서쪽의 나바호 계곡을 따라 마지막 푸에블로 마을을 만들었다. 1267년경 베타타킨 계곡에 집을 짓기 시작했고 1280년 중반에 들어서 120명 이상이 살게 되었다. 반원형 지붕 모양의 절벽 아래에 자리한 베타타킨은 135개의 방과 한 개의 키바를 가지고 있다. 높이 137미터, 너비 112미터, 깊이 41미터이다. 자연이 만든 완전한 장소에 공동사회의 아름다운 마을이 자리한 것이다. 공원 안내인을 따라 계곡을 내려갔다. 계곡의 규모에 압도당하면서도 아래에 있는 유적지가 무척 궁금해졌다. 계곡의 흙은 무척이나 보드라웠으며 건조한 흙바닥은 이곳이 물이 귀할 것이란 짐작을 하게 했다. 유적지가 보이자 마치 거주지를 위해서 꾸며진 것 같은 큰 반원 모양의 공간이 큰 절벽 안으로 들어가 있었다. 입구에 암각화도 또렷하게 보였다. 경사진 면에 수직으로

베타타킨
유적지

연결된 집이 마치 바위에서 연결된 일부처럼 보였고 밝은 색 바위 사이로 파 놓은 바위 계단들도 보였다. 11월 중순인데도 햇볕이 따뜻하게 내려든다.

공원 입구부터 왕복 33킬로미터의 계곡길을 걷는 여정을 통해 갈 수 있는 킷실은 절벽마을이 감동적인 파노라마로 펼쳐져 있다. 가는 곳곳 계곡물을 좌우로 건너서 걸어갔다. 11월 하순의 날씨라 아침에는 살얼음을 깨면서 물길을 걸어갔다. 나바호 안내인인 로버트란 사내는 이런 험한 길에 익숙해 보였다. 구불구불한 계곡길을 내려오니 그제야 본격적인 계곡길이 펼쳐졌다. 아침 공기가 상쾌하게 폐 깊숙이 들어왔다. 멋진 기록을 남기려는 욕심에 대형카메라와 필름 홀더를 많이 가져와서 배낭 무게가 어깨를 심하게 누르고 있었다. 이제 5킬로미터 남짓 걸었는데 오늘 여정이 만만치 않겠다는 생각이 들었다.

　오전에 다섯 시간을 걸어 정오가 돼서야 킷실에 도착했다. 킷실은 입구에서부터 웅장했다. 전부 160개의 방이 있으며 애리조나에서는 가장 큰 아나사지 유적지이다. 보존이 거의 완전한데 아마도 사람들이 접근하기에 어려운 자연적 여건 때문일 것이다. 커다란 적색 사암 절벽을 올려다보니 검은색의 줄무늬가 천정 높은 곳으로부터 아래로 길게 늘어뜨려 있다. 이윽고 나무 사다리를 타고 거주지로 올라가니 불을 피워 여기저기 그을린 자욱이 보였다. 까맣게 그을린 벽과 천장은 이들이 곡식을 가열해 먹었음을 보여준다. 그 시대의 도기나 그릇도 볼 수 있다. 햇볕이 강하지만 준비해 온 카메라를 세우고 여기저기를 사진에 담았다. 식량과 물만 있으면 불편함 없이 살 수 있을 것 같다. 여기서 한 일 년만 살면서 이들이 살았던 삶을 이해하고 싶어졌다.

　가옥의 구조는 '하칼jakal'이라는 토벽 초가집 구조를 사용했고 이것은 직접 관찰할

수 있었다. 빡빡하게 세운 가느다란 나뭇가지 사이에 진흙으로 메워 벽을 만들었다. 동굴은 남쪽 방향을 유지하고 있어서 햇볕이 잘 들었고, 겨울에도 따뜻하며 여름에는 큰 그늘이 드리워진다고 한다. 킷실은 1250년경부터 세워지기 시작했고 1272년부터 1275년 사이에는 번성했으나 약 25년 뒤에 아나사지인은 떠났다. 마지막 나무의 나이테 연대는 1286년으로 당시 마을 전체에 약 700명이 살았던 것으로 추측된다. 시냇물이 줄어들자 농사와 관련된 관계체계에도 영향을 받게 되어 다시 리틀 콜로라도강으로 거주지를 옮겼다.

돌아오는 길, 세기 계곡의 구불구불한 협곡은 길을 찾아가기가 매우 어려웠다. 차가운 물속을 걸으면서 문득 자연 한가운데서 살았던 그들이 바랐던 가장 중요한 일이 자연과의 조화이었겠다는 생각이 든다. 베타타킨은 나바호 말로 '오두막집'을 가리키고, 킷실은 '부서진 도자기'를 의미한다.

사라진 위대한 건축가들

다시 아래로 한참 내려가 뉴멕시코로 돌아가면 리오그란데강 북쪽, 뉴멕시코의 에스파뇰라에서 멀지 않은 곳에 푸예Puye 유적지가 있다. 이곳은 해발 1,828미터에 위치

킷실 유적지.
왼쪽 아래가
하칼 구조

한다. 에스파뇰라 근처의 조그만 마을 식당에서 식사하면서 보니 마을 사람들 대부분이 스페인어로 의사소통을 했다. 뉴멕시코 남부와 텍사스에서는 많은 사람들이 스페인어를 쓴다.

뉴멕시코에는 나바호족 이외에도 19개 부족의 푸에블로들이 살고 있다. 산타클라라 푸에블로의 고장인 이곳에 있는 푸에 유적지에는 석조 건축물, 절벽 거주지, 키바 등 자신들만의 건축문화를 가지고 있다. 1300년경 메사베르데와 차코에 살던 고대 원주민들은 동남쪽의 강 근처 산림 고원과 뉴멕시코의 북쪽 리오그란데의 계곡으로 이주를 했다. 강수량이 좋아서 물을 충분히 확보할 수 있었기 때문에 이들은 뉴멕시코의 작은 협곡과 조용한 초원에 새로운 정착촌을 지었다. 이들은 새로운 건물을 지었고 새로운 건물에는 키바 대신 대형 광장을 지었다. 돌로 된 대형 건물들도 계속해서 지었는데 돌은 재질이 부드러워서 집을 짓는 데는 적합하지 않지만 바위를 파내어 집을 만

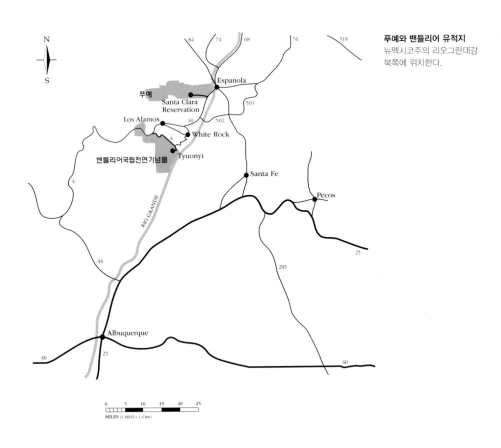

푸에와 밴들리어 유적지
뉴멕시코주의 리오그란데강 북쪽에 위치한다.

밴들리어 유적지

들 수 있었다. 이들은 부드러운 절벽을 파서 방을 만들었고, 절벽 하단부에 세울 집의 기둥을 절벽에 구멍을 내어 연결해서 절벽 안으로도 공간을 만들었다. 절벽을 따라 긴 부분에서 기둥이 연결된 구멍 흔적을 볼 수 있다. 이렇게 만들어진 동굴방은 사다리를 타고 들어간다. 들어가는 입구가 사각으로 반듯이 파여 있어서 햇살이 방안으로 충분히 들어올 수 있다. 방안에 들어가서 보니 두세 명이 지내기에도 충분한 공간이다.

푸홀스 협곡에 있는 주니 푸에블로의 원형 유적지는 1년 내내 물이 흐르는 시냇가 근처에 위치해 있는데 한겨울인데도 햇살이 드는 오전에는 따사로움이 느껴졌다. 다른 곳보다는 삶이 무척 편안했으리란 생각이 들었다. 1층 광장을 중심으로 300개가 넘는 방이 있고, 이층에는 500개가 넘는 방이 있다. 웅장한 느낌보다는 훨씬 정서적인 안정이 느껴지는 곳으로 이동한 것이다. 이 유적지는 차코 협곡의 건축물보다 약 300년 뒤에 지어진 건물들이다. 몇 년 전 늦가을, 이 지역 푸에블로 원주민의 가을의식을

산 정상
가까이 위치한
키바와 주택들은
밴들리어 국립공원
내에 있다.

밴들리어 국립공원 내의 유적지. 암벽을 파서 안에 방을 만들었다. 멀리 광장과 큰 공동주택이 보인다.

참관한 적이 있었다. 몇 백 명의 원주민이 100미터 넘게 네 줄로 늘어선 채 한 시간 이상씩 여러 번 반복해서 집단으로 춤을 추었다. 어도비 양식의 큰 주택들 사이 광장에서 진행되었고 나는 마을 원주민들과 3층의 천장 지붕 위에 앉아서 한나절 동안 보았다. 건강한 에너지가 곳곳에 넘쳤다.

　아나사지의 서쪽 이웃 부족은 시나구아족인데 스페인 말로 '물이 없는 사람들'이라는 뜻이다. 이들은 오늘날 애리조나의 주도인 플래그스태프 근처에서 생활하던 부족이다. 농업과 사냥으로 살았으나 1064년 겨울, 화산 폭발로 인해 정착지가 파괴되었다.

　우파키Wupatki* 국립공원 내의 유적지에서는 화산암의 대지 위에 건설된 집을 볼 수 있고 타원형으로 된 운동경기장 터를 확인할 수 있다. 이 경기장은 중미에 발견된 선사시대 경기장 중 가장 북쪽에 위치한다. 화산암 위에 쌓여진 돌들은 물결치듯이 휘어 있는 부분도 있다. 아나사지에 살았던 인간이 만든 많은 건물들 중에서도 이 유적들 또한 또 다른 불가사의로 다가왔다.

　환경을 결정하는 온도, 습도, 고도, 바람이 다르니 가는 곳마다 땅과 자연환경이

* 우파키는 호피족 말로 '높은 집'이란 의미다.

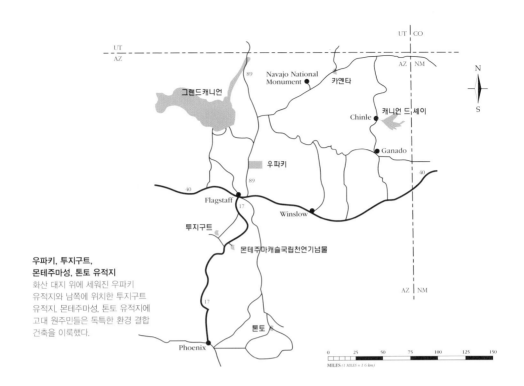

N

S

UT | CO

AZ | NM

40

AZ | NM

UT
AZ

그랜드캐니언

89

Navajo National
Monument

카옌타

Chinle 캐니언 드 셰이

Ganado

우파키

40

89

Flagstaff

17

투지구트

Winslow

몬테주마캐슬국립천연기념물

17

톤토

Phoenix

0   25   50   75   100   125   150
MILES (1 MILES = 1 6 km)

**우파키, 투지구트,
몬테주마성, 톤토 유적지**
화산 대지 위에 세워진 우파키
유적지와 남쪽에 위치한 투지구트
유적지, 몬테주마성, 톤토 유적지에
고대 원주민들은 독특한 환경 결합
건축을 이룩했다.

우파키 유적지 내
경기장터. 북미에서
가장 오래된 곳이다.

화산암과 결합된
우파키 유적지

조금씩 다르다. 오전에 햇볕이 드는데도 근처 화산암 지대를 맨발로 밟아 보니 발이 시려 100미터 정도를 걷다가 얼른 돌아와 다시 신발을 신었다. 아마도 당시의 원주민들은 맨발로 다녔거나 아주 약한 지지체를 발바닥에 대고 생활하지 않았을까? 왜 인간의 신체는 문명이 발전해 갈수록 나약해지는 것일까?

　검은색의 부서진 고운 모래는 천년 전 화산재의 직접적인 결과물이다. 한 줌 쥐고 다시 땅 위에 뿌려본다. 여기저기 화산암 사이로 가느다란 풀들이 뿌리를 내리고 피어올라 있다. 마음이 끌리는 곳마다 앉아서 찬찬히 둘러본다. 맨발로 걸어도 보고 잠시 앉아서 바람과 공기도 느껴본다. 고대 원주민들이 땅의 기운을 감지하고 정착한 곳이라서 나도 그들이 이곳의 어떤 힘에 이끌렸는지 궁금했다. 햇살이 좋을 때는 태양을 향해 절을 올리고 물을 뿌려 다시 그곳을 위한 경배도 올렸다. 아나사지 곳곳에서 살았던 그들도 그랬을 것이다.

　우파키의 유적 뒤로 끝없이 펼쳐진 황토색의 불모지들이 보기만 해도 막막해 보

이지만 이곳에서 사람들은 생명을 이어갔다. 우파키 원주민은 1215년경 이곳을 떠나
갔다. 이들은 1200년대 중반 물이 풍부한 남쪽으로 옮겨갔다. 아나사지인의 대이동이
왜 일어나게 되었는지에 대한 완전한 설명은 없다. 아나사지인은 일찍부터 평등주의
를 실천했던 사람들로, 특정한 엘리트들이 살았던 집도 남아 있지 않고, 무덤을 보아
도 직업에 따른 계급사회의 증거는 존재하지 않는다. 모든 사람들이 함께 농사를 지었
고 사냥을 나갔다. 모든 아나사지인은 건축가였으며 집을 지을 줄 알았다. 아나사지인
은 또한 매우 평화로운 사람들로 수백 년 동안 인정을 받았다. 다만 메사베르데 근처
의 벼랑 끝 마을들에서만 유일하게 약간의 폭력의 흔적을 찾아볼 수 있다.

　　좀 더 남쪽에 위치한 투지구트 Tuzigoot 와 몬테주마 Montezuma 성으로 이동했다. 투지구
트의 유적은 비옥한 농토를 마주보고 있다. 비교적 다른 곳들보다 덜 척박해 보이는,
전망이 좋은 곳에 건물을 지었다. 언덕 위부터 아래로 넓게 지어진 집은 언덕 위에 그
대로 집을 얹어 놓은 것처럼 사방이 언덕 아래로 퍼져 있다. 근처에 있는 몬테주마성

투지구트 유적지.
100개 이상의 방이
연결된 건물이
발견되었다.

몬테주마성. 산을 파고 연결해서 건축물을 완성했다.

과 몬테주마 우물도 아름답다. 우물은 한 바퀴를 돌자니 제법 규모가 되었는데 둥그렇게 되어 있는 지형으로 지름은 533미터에 이르고 근처 샘에서 물이 나오는 오아시스 같은 곳이다. 고대인의 삶에서 물과 기후와의 관계가 모든 삶의 조건에서 가장 우선이었겠다는 생각이 든다.

아름다운 루즈벨트 호수를 따라가다 보면 가장 남쪽의 아나사지 유적지가 나온다. 호수 근처 산 위에는 높이가 3미터에 달하는 다육식물인 선인장이 즐비하게 서 있다. 이 식물에 새들은 구멍을 파고 둥지를 틀기도 한다. 이곳은 14세기에 지어진 톤토^{Tonto} 유적지인데 작은 푸에블로가 있는 산 정상 아래까지 주차장에서 약 10분 정도를 걸어 올라간다. 산 위쪽 푸에블로에는 호수가 내려다보이는 곳에 지어진 살라도^{Salado} 마을이 있다. 암석 절벽 아래 동굴 내부에 암석으로 만들어진 세 개의 푸에블로 유적지가 있다. 살라도 마을은 솔트강에서 농사짓던 원주민들이 톤토 분지로 이동하며 생겨난

몬테주마 우물. 우물 위로 주거지가 보인다.

톤토 유적지 내부

마을인데 이들은 애리조나 남부의 호호캄 원주민들로 기원후 500년에서 900년 사이에 이주해 왔다. 1150년경 외부에서 들어온 문화가 영향을 미치며 살라도 문화가 생겼고 다시 1300년경 아나사지 원주민들이 이동해 오면서 살라도 원주민들은 돌로 집을 짓고 농지로부터 떨어진 곳에 건물을 지었다. 14세기에 살라도족은 급격하게 팽창했고 지금의 루즈벨트 호수 근처에 많은 마을이 생겨났는데 인구에 비해 식량이 적었기에 이들은 결국 이곳을 버리게 되었다. 1450년경 이 부족은 사라져버렸다.

톤토 유적지는 산 정상에 위치해 있다.

가냘픈 여인의 노래

산의 우두머리시여! 산의 우두머리시여!

검은 바람님! 훌륭한 지도자님!

당신의 손가락 끝에서부터 무지개가 달리게 하여 주소서

당신의 이마로부터 무지개가 헤치고 나오게 하여 주소서

당신의 손바닥으로부터 무지개가 밀고 나와

내가 그 위를 걸을 수 있게 하소서

검은 바람과 검은 구름이,

푸른 바람과 푸른 구름이,

노란 바람과 노란 구름이,

하얀 바람과 하얀 구름이

모두가 내 앞을 달려가 해님을 가려주게 하소서

내가 당신의 구름 외투를 두르고 걸을 수 있게 하소서

내 앞에 평화로운 비가 내리게 하소서.

옥수수를 잘 익게 하소서,

하얀 옥수수, 노란 옥수수, 파란 옥수수를.

대지 어머니시여, 비를 보내소서,

부드럽고 친절한 비를,

그리하여 내 앞에 모든 것이 행복이도록,

그리하여 내 앞에 모든 것이 조화이도록,

그리하여 내 온 주위가 아름답도록...

이제 모든 것이 조화이고, 모든 것이 행복이노라.

- 나바호산과 무지개 다리 종교의 노래

싸야타카*의 밤기도송

나의 일광이 아버지의 비로 가득찬 방들에 도달하기를,

그 방들이 온갖 종류의 옷들로 가득 찰 수 있기를,

그리하여 그 집에 심장소리 뛰는 마음이 있기를,

그리하여 그 들어가는 입구에

껍질이 벗겨진 옥수수 씨앗들이 문 앞에 뿌려지기를,

콩 씨앗들이 문 앞에 뿌려지기를,

밀 씨앗들이 문 앞에 뿌려지기를,

그리하여 그 집이 수많은 어린 소년들의 집이 되기를,

그리고 수많은 어린 소녀들의 집이 되기를,

또한 그들이 성숙한 남녀로 자라날 수 있기를,

그리하여 이 집에서는

아이들이 서로 그 안에 들어가려고 밀고 당기기를,

모든 것들이 정말 이와 같기를,

그래서 나는 두 개의 깃털 장식으로 꾸며진 마술 지팡이와 같이 만나서

그들로 하여금 이 지붕의 한가운데를 신성하게 정화하도록 했어요.

그대가 그 어떤 무엇을 소망하며 기도하더라도,

긴 겨울이 다 지나도록,

긴 여름이 다 지나도록,

사계절들이 계속해서 바뀌고 또 바뀌더라도,

나는 그대에게 항상 빛이 함께 하라고 기도했답니다.

– 주니족의 시

* 싸야탸카는 주니족이 신봉하는 신의 하나이다.

축복의 밤

자연을 통한 영적 통찰은 원주민 전체에서 나타나는 가장 공통적인 요소로, 전통종교로 자리 잡아 원주민의 의례를 통해서 알 수 있다. 원주민들은 계절마다 그들만의 독특한 의례를 계속해 왔다. 이것은 그들이 살아가는 모든 자연적, 생태적, 환경적 요인들이 어우러져 생겨났다. 이 의례들은 인간 내적인 영혼을 이루는 요소들의 힘을 증대시킨다. 많은 의례들은 집단적으로 일어나는데 개인뿐만 아니라 집단이 공유함으로써 생기는 내적 에너지는 사람이 많을수록 더 증가한다. 감정은 전달할수록 더욱 증폭되기 때문이다.

자연과 하나 되는 성스러운 의식, 선댄스

원주민들의 의례에는 자연에 감사하는 의례들이 아주 많다. 이로쿼이족의 추수감사가 대표적이다. 자연의 요소들에게 감사드리며 자연과 하나됨을 표현한다. 서남부의 가을이면 부족마다 한해를 마감하는 크고 작은 의례들이 열린다. 이곳의 가을은 독특한 이들만의 샤머니즘을 여기저기서 체험할 수 있는 시기다.

　평원의 라코타 수우족은 선댄스^{Sun Dance}를 통해, 계절 중 태양이 가장 높은 시기에 만물을 소생시키는 태양에 경배하며 축복하는 의례를 연다. 이 춤은, 우주의 기둥을 세우고 인간들이 우산살처럼 집단으로 매달려 우주와 인간과 자연이 하나로 합쳐진 존재임을 나타내는 의례다. 북미 서남부의 샤머니즘과, 평원을 비롯한 그 밖의 북미 원주민들의 샤머니즘이 많이 다름을 알 수 있다.

　선댄스는 고행의 의례다. 몸을 뚫고 가죽끈에 매달리는 장면은 무척 흥분이 된다.

아주 여러 번 이런 행동들이 반복된다. 고통 속에서 미래의 길을 찾고 환영을 본다. 계시를 구할 때는 육체적인 고통이 수반되는 것이다. 며칠간의 단식과 정화의식, 그 뒤의 참기 힘든 육체적 고행을 거쳐서 깨달음과 삶의 의미를 구한다. 많은 남성 원주민들이 아주 의연히 선댄스의 고통을 참아내며 의식을 치른다. 중앙의 긴 장대는 우주와 인간의 교차점을 상징한다. 장대에 매달린 사람들은 태양에 감사함을 표현하고자 놀라운 인내력을 보인다.

개인적으로 가장 궁금한 호피족 의례는 지금도 호피 부족원이 아니면 참여할 수 없다. 120년 전 사진작가 애덤 클락 브로먼이 호피족을 방문해서 기록한 의례 사진은 그들만의 독특한 샤머니즘을 보여준다. 특히 방울뱀을 입에 물고 춤을 추는 의례는 많은 궁금증을 자아낸다. 방울뱀을 사용하는 춤은 공포를 일으키고자 함이 아니다. 문명사회에서 뱀은 야생동물 중에서도 위험한 동물로 구분되지만 전통적으로 미국 원주민 사회에서는 뱀은 무서운 존재가 아니었다. 오히려 경배의 대상이다.

메사초등학교
행사 알림판
교체 중

나바호족*에 있어서도 뱀은 장수를 의미한다. 나바호족 샤먼인 '검은말 미첼'이 행하는 병자 치료의식에서 그는 병자를 위해 다양한 모래그림을 그렸는데 그 중에 뱀이 똬리를 틀고 있는 모래그림을 정성들여 그리고 그 위에 병자를 앉히고는 노래와 기도를 행한 후 야생식물을 여러 시간 끓여 만든 약물을 환자에게 뿌리고 먹였다. 샤먼이 의례를 주관하기도 하고 병든 이를 고치기도 하지만 미래만 볼 수 있는 샤먼도 있다. 샤먼이 제사장인 경우도, 아닌 경우도 있다. 부족마다 이들의 역할은 조금씩 다르다. 의식 후 내가 궁금했던 여러 질문 중 하나가 뱀을 그린 모래그림이었다.

"이것은 긴 삶을 의미합니다."

검은말 미첼의 대답이었다. 일종의 병 치료를 위한 굿 같은 것이었다. 두 시간가량 진행되었고 준비물이 꽤 많았다.

나바호족 전통가옥
호간의 내부

---

* 나바호족은 미국 서남부의 뉴멕시코주, 애리조나주, 유타주, 콜로라도주에 걸쳐 살고 있다. 미국의 원주민 보호구역 중 가장 큰 면적을 차지하고 있는 것이 나바호 원주민 보호구역이다. 보호구역의 면적은 우리나라보다 조금 더 크고, 보호구역 내 호피족 보호구역이 있으며 인근에 아파치, 푸에블로 부족이 자리한다.

호피족은 뱀을 존경하며 신성시 여긴다. 유별나게 무서워하지도 않는다. 오히려 이들은 방울뱀을 길들이고 집단 공동체를 지키는 수호신의 상징으로 여긴다. 언뜻 보면 혐오스러워 보이지만 뱀을 입에 물고 춤을 추는 춤꾼들은 뱀의 독주머니를 일시적으로 제거한다. 독주머니를 제거하거나 독주머니에 상처를 내어 독을 일시적으로 비

우고 의식에 사용한다. 물론 의식 뒤에 놓아주면 뱀의 독주머니는 원래대로 회복된다.
그러니까 뱀 춤은 춤꾼들도 안전함을 인지하고 추는 춤이다. 뱀 춤뿐만 아니라 섞어
만든 액체를 마시고 몸속의 물질을 계속 토해내는 행위, 그 외에 전통적인 여성의 머
리 형태를 쥐의 머리 모양처럼 땋는 것도 이방인에게는 많은 궁금증을 낳는 것들이다.

원주민들의 삶에서 가장 큰 유산은 자연과의 친밀성을 그대로 유지하며 간직하고
있는 것이다. 자연의 순환 속에서 영원함의 지혜를 깨닫고 그것을 경배하는 풍습이 이

어져 내려오는 것이다. 몽골리언 일만 년의 지혜에서도 원주민 구전사를 통해 이들이 얼마나 긴 역사 속에서 자연과의 유대를 중요시했는지 알 수 있다. 나바호 원주민의 의례에서도 우주와 자연 속에서의 아름다움을 노래한 것이 많다. 모든 자연현상을 인식하고 이것들을 의례에서 다시 표현하는 것이다.

감사와 축복의 기도, 예비체이

가을마다 열리는 나바호 부족의 의례는 보호구역 내 마을 여러 곳에서 열린다. 마을마다 그 마을만의 의례가 있고 큰 마을에서는 예비체이를 행한다. 몇 백 명씩 참여하는 집단의식이며 마을 전체에서 주관하는 푸에블로 마을의 행사는 아주 장관이다.

푸에블로란 말이 스페인어이므로 이들 원주민 사이에서는 그렇게 부르질 않았다. 누구인지 물을 땐 그냥 "당신은 자메스냐?"라고 보통 묻는다.

자메스와 산토도밍고 푸에블로 원주민의 마을 의례에 참여한 날, 이방인인 나는 하루 종일 어도비 주택 지붕 위에 앉아 마을 의례를 감상했다. 거의 모든 행사들에서 사진 촬영은 금기 사항이므로 카메라는 아예 가져가지도 않았다. 의례에 참여하는 사람들은 한 사람 한 사람 모두 독특한 아름다움으로, 사막 지형이 섞여 있는 척박한 땅에서 그들의 선조 때부터 긴 세월을 견디면서 살아 왔다.

예비체이$^{Yei Bi Chai}$는 매년 추수가 이루어지는 9월 말부터 10월에 걸쳐 행해지는 나바호족의 가을 의례다. 지구의 변화에 민감하게 반응하여 자연에 적응해 살아온 원주민의 샤머니즘 제의 중에는 날씨와 관련된 것이 많다. 정신적인 전통을 매우 중요하게 여기는 나바호 원주민들은 우주의 다른 요소들과 균형, 조화를 이루려 노력한다. 그들은 우주가 동물, 식물, 날씨, 자연, 산, 바다로 이루어져 있으며 성스러운 사람들인 신들은 지구 속의 여러 곳에서 지구 표면으로 올라와 사람들이 살 수 있도록 만들었다고 여긴다. 또한 자신들은 신들과 닮았으며 신들로부터 어떻게 조화롭게 살아야 하는지 배웠다고 생각한다. 조화로움으로부터 축복이 오는데 조화가 깨어지면 신체적, 영적으로 문제가 생기므로 되돌리려면 정교한 의식을 통해야 한다고 믿는다. 의식은 제사장이 주관한다. 이 의식은 성스러운 신의 하나인 '예이^{Yei}'라는 신을 부르는 의식이다.
9일간의 의례는 보통 춥고 천둥, 번개가 없는 겨울이 시작될 무렵에 행해진다.

밤의 기도 의례 중 첫 번째 무용수들의 기도

오, 쩨기히에 사는 그대여,

새벽의 집에서 사는,

저녁 황혼의 집에서 사는,

검은 구름의 집에서 사는,

남성의 비의 집에서 사는,

여성의 비의 집에서 사는, 꽃가루의 집에서 사는,

메뚜기들의 집에서 사는,

검은 안개가 문턱을 넘어 방울져 떨어지는

무지개가 자신의 길을 내뻗치는 곳에 있는

갈지자형 번개가 높이 일어선 곳에 있는

남성의 비가 높이 일어선 곳에 있는

오, 남성들의 신이시여,

그대의 검은 구름의 신발을 가지고, 우리에게 오소서,

그대의 검은 구름의 바지를 가지고, 우리에게 오소서,

그대의 검은 구름의 웃옷을 가지고, 우리에게 오소서,

그대의 검은 구름의 머리장식을 가지고, 우리에게 오소서,

그대의 마음을 검은 구름으로 밀봉하고, 우리에게 오소서.

암흑 같은 천둥을 그대 위에 두고, 높이 날아서, 우리에게 오소서.

모양진 구름을 그대의 발밑에 두고, 높이 날아서, 우리에게 오소서.

검은 구름으로 만들어진 아득한 어두움을 그대의 머리 위에 두고,

우리에게 오소서.

남성의 비로 만들어진 아득한 어두움을 그대의 머리 위에 두고,

우리에게 오소서.

여성의 비로 만들어진 아득한 어두움을 그대의 머리 위에 두고,

우리에게 오소서.

갈지자형 번개가 높이 날뛰는 것을 그대의 머리 위에 두고,

우리에게 오소서.

무지개가 높이 걸려 있는 것을 그대의 머리 위에 두고,

우리에게 오소서.

검은 구름으로 만들어진 아득한 어두움을 그대의 날개 끝에 걸고,

우리에게 오소서.

남성의 비로 만들어진 아득한 어두움이 그대의 날개 끝에 걸고,

높이 날아서,

우리에게 오소서.

검은 안개로 만들어진 아득한 어두움이 그대의 날개 끝에 걸고,

높이 날아서,

우리에게 오소서.

여성의 비로 만들어진 아득한 어두움이 그대의 날개 끝에 걸고,

높이 날아서,

우리에게 오소서.

갈지자형 번개가 높이 날뛰는 것을 그대의 날개 끝에 걸고,

높이 날아서,

우리에게 오소서.

무지개가 높이 걸려 있는 것을 그대의 날개 끝에 걸고,

높이 날아서,

우리에게 오소서.

검은 구름으로, 남성의 비로, 검은 안개로, 여성의 비로 만들어진

가까운 어두움을 가지고,

우리에게 오소서.

땅의 어두움을 가지고, 우리에게 오소서.

이 모든 것으로 나는 소망하나니

물 위에 떠도는 거품들이 흐르고 흘러서

우리 훌륭한 옥수수의 뿌리를 흠뻑 적시기를 기원하나이다.

이로써 나는 그대에게 제물을 바쳤나이다.

이로써 나는 그대를 위하여 향을 피웠나이다.

나의 발을 나에게 되돌려주소서.

나의 팔다리를 나에게 되돌려주소서.

나의 마음을 나에게 되돌려주소서.

나의 목소리를 나에게 되돌려주소서.

오늘 그대의 주문을 내게서 풀어주소서.

오늘 그대의 주문을 내게서 가져가주소서.

그대는 그것을 내게서 가져갔나니

그것은 이제 나로부터 멀리 가버렸나니

그대는 나로부터 멀리 떨어진 곳으로 그것을 가져갔노라.

아름다움 속에서, 나는 회복하고,

아름다움 속에서, 내 안은 진정된다.

아름다움 속에서, 나의 눈은 시력을 되찾고.

아름다움 속에서, 나는 팔다리의 힘을 되찾고.

아름다움 속에서, 나는 다시 듣는다.

아름다움 속에서, 주문은 풀렸노니.

아름다움 속에서, 나는 걷는다.

아픔을 느끼지 못하고, 나는 걷는다.

마음은 가벼워지고, 나는 걷는다.

생기에 넘쳐, 나는 걷는다.

아름다움 속에서, 나는 풍부한 검은 구름을 소망하고,

아름다움 속에서, 나는 검은 안개를 소망한다.

아름다움 속에서, 나는 지나가는 소나기를 소망하고,

아름다움 속에서, 나는 온갖 종류의 식물들을 소망한다.

아름다움 속에서, 나는 꽃가루를 소망한다.

아름다움 속에서, 나는 아침 이슬을 소망한다.

아름다움 속에서, 사랑스러운 흰 옥수수가 땅 끝까지 그대와 함께 하기를.

아름다움 속에서, 사랑스러운 노란 옥수수가 땅 끝까지 그대와 함께 하기를.

아름다움 속에서, 사랑스러운 푸른 옥수수가 땅 끝까지 그대와 함께 하기를.

아름다움 속에서, 아름다운 온갖 종류의 식물들이 땅 끝까지 그대와 함께 하기를.

아름다움 속에서, 아름다운 물건들이 땅 끝까지 그대와 함께 하기를.

아름다움 속에서, 아름다운 보석들이 땅 끝까지 그대와 함께 하기를.

이 모든 것을 앞에 놓고, 그것들이 그대와 함께 오기를, 아름다움 속에서.

이 모든 것을 앞에 놓고, 아름다음 속에서, 그것들이 그대와 함께 오기를.

이 모든 것을 뒤에 놓고, 그것들이 그대와 함께 오기를, 아름다움 속에서.

이 모든 것을 밑에 놓고, 그것들이 그대와 함께 오기를, 아름다움 속에서.

이 모든 것을 위에 놓고, 그것들이 그대와 함께 오기를, 아름다움 속에서.

이 모든 것을 그대 주위에 놓고, 그것들이 그대와 함께 오기를, 아름다움 속에서.

나이든 이들은 그대를 바라볼 것이다, 행복하게.

젊은 남자들은 그대를 바라볼 것이다, 행복하게.

젊은 여자들은 그대를 바라볼 것이다, 행복하게.

어린 소년들은 그대를 바라볼 것이다, 행복하게.

어린 소녀들은 그대를 바라볼 것이다, 행복하게.

족장들은 그대를 바라볼 것이다, 행복하게.

행복하게, 사방으로 흩어지며, 그들은 그대를 바라볼 것이다.

행복하게, 그들의 집이 가까워오면, 그들은 그대를 존경할 것이다.

행복하게, 그들의 집으로 가는 길이 꽃가루의 흔적 위를 지나가기를.

다시, 아름다움 속에서, 나는 걷는다.

아름다움을, 내 앞에 두고.

아름다움을, 등 뒤에 두고.

아름다움을, 발밑에 두고.

아름다움을, 머리 위에 두고,

아름다움을 온 주위에 두고,

나는 걷는다.

아름다움 안에서 다시 완성되었나니.

아름다움 안에서 다시 완성되었노라.

아름다움 안에서 다시 완성되었나니.

아름다움 안에서 다시 완성되었노라.

– 나바호족의 밤의제식 구전노래

9일간 이루어지는 예비체이는 시간 단위로 많은 부분 진행된다. 전통적으로 첫째날 밤에 주술사가 호간^{hogan}에 들어간다. 호간은 대대로 치유를 위한 신성한 공간이다. 네 개의 버드나무 가지로 만든 예비체이 부적을 환자의 허리, 어깨, 목, 머리에 붙인다. 부적은 조각 하나가 약 40센티미터의 털실로 묶여 있으며 접었다 폈다 하는 직사각형 모양이다. 이것은 주술사 대대로 계승된다. 예비체이는 다른 의식보다 시간이 오래 걸리고 절차가 무척 복잡하다. 의상, 지팡이, 가면 등은 예이를 형상화하기 위한 물품이다. 다섯 개의 모래그림을 만드는 것도 준비과정이다. 주술사는 의식을 치를 호간에 시계방향으로 성스러운 곡물 가루를 뿌려 정화한다. 예비체이 의례는 치유의 의례이고 전통적으로 환자가 있다. 환자는 몸이 아픈 사람이기도 하지만 아프지 않더라도 좋은 기운을 받을 사람이 정해져서 의례에 참여하기도 한다. 전통적으로 남자 환자에게는 흰 가루, 여자 환자에게는 노란 곡물 가루를 사용한다. 정화는 4일째 밤에도 한다. 그 밤은 밤을 지새우는 신의 날이다. 전통적으로 보통 환자와 가족들은 8일을 같이 있고 9일째 방문객들도 같이 한다. 현대에는 마지막 3일을 방문객에게 의례 참관을 허락한다.

첫째 날, 호간 앞은 깨끗이 치워진다. 그리고 나무 더미들이 준비된다. 사람들은 호간 앞에 양 옆으로 길게 자리한다. 낮과 밤의 예식 자체는 호간 안에서 진행된다. 밤에는 모닥불이 붙여지고 호간 안에서 '예이'가 준비를 시작한다. 몸에 흰 칠을 하고 가면과 가문비나무를 손에 쥐고 여우털은 북쪽에 둔다. 예비체이의 가장 큰 특징은 '말하는 신'이다. 이 의식의 창조자이고 중요한 순간에 모든 게 잘 되었다는 신호를 보낸다. 보통 "우후후후"라고 소리를 낸다. 말하는 신은 호간 안에서 가면을 쓰고 모든 것이 준비되면 사슴 가죽 망토를 두른다. 그리고 어린 새끼사슴 가죽을 한 손에 쥔다. 네 명의 가면을 쓴 예이는 왼손에 호리병, 오른손에 나뭇가지를 쥔다. 대략의 준비가 마쳐지면 나무 병풍 뒤에서 의례에 참가할 예이 댄서 모두 기도의 시간을 갖는다.

이후, 나무 병풍 뒤에서 예이들이 나올 때 주술사가 앞장선다. 말하는 신에 뒤이어 네 명의 예이가 뒤따른다. 주술사가 축도를 하고 나서 꽃가루를 뿌린다. 주술사는 호간 안으로 들어간다. 호간 안에서는 호리병을 흔들며 노래가 시작되고 노래 구절에 "예이, 예이"라는 말이 호리병 소리와 함께 계속 반복한다. 환자는 호간에서 신성한 곡식이 든 바구니를 손에 들고 나온다. 바구니 위에 네 개의 기도 막대가 놓여 있다. 주술사가 다시 기도를 하면 네 명의 예이가 춤을 시작한다. 기도가 끝나면 환자가 성

스러운 곡식 가루를 예이에게 뿌린다. 처음의 한 줌을 예이들의 오른손 위에 뿌린다. 그런 후 오른팔이나 왼팔, 나머지는 왼손 위에 뿌린다. 환자와 주술사가 동쪽 방향으로 호간 문 앞에 선다. 주술사는 예이 한 명 한 명에게 기도문을 왼다.

나는 아름다움 안에서 행복하게 걷고 있습니다.
나는 아름다움의 전에서 걷습니다.
나는 아름다움의 뒤에서 걷습니다.
나는 아름다움의 위로 나는 걷습니다.
모든 아름다움과 같이 걷습니다.
이것은 아름다움 안에서 끝이 납니다.

 - *나바호족의 밤의제식 구전노래*

특히 마지막 3일은 나바호 전통가옥인 대형 호간 안에서 울리는 소리들이 대단했다. 호간 안으로 들어가니 찬트를 읊는 사람들이 수십 명이나 되었고 의례에 참여하는 춤꾼들도 인근 마을에서까지 와 춤이 끊이질 않았다. 호간 안은 열기로 뜨거웠다. 그들 옆에 앉아 나도 모르게 찬트를 읊조리기 시작했다. 단순한 리듬의 찬트는 조금씩 느리게 변하면서 끊이지 않고 계속 이어졌다. 이따금씩 허락을 얻어 호간 안에 걸어들어가서 조용히 앉아 호간 안의 기운을 느껴본다.

새벽 동트기 직전까지 이어지는 의례는 경건하고 조용하다. 마지막 3일의 의례에 참여하는 춤꾼들은 열네 명이 한 그룹이다. 첫날보다 인원구성이 더 늘어난 상태였는데 한 조는 대체로 리더인 '말하는 신', 남자 예이인 '예바카' 여섯 명과 여자 예이인 '예바드' 여섯 명, 그리고 어릿광대처럼 사람들을 즐겁게 해주는 '비의 신', 이렇게 열네 명으로 이루어지며, 말하는 신이 호간 안으로 들어갔다 나오면서 제의가 시작된다. 이들은 모두 부족 전통 복장을 입고, 가면을 쓰고 있다. 복장과 가면은 역할에 따라 다르다. 말하는 신은 12개의 독수리 깃털을 단 흰색 가면을 쓰고, 목에는 가문비나무 가지를 두른다. 왼쪽 어깨에 흰 사슴 가죽 주머니를 차고 오른손에는 다람쥐 가죽을 쥔다. 남자 예이는, 앞면은 파란색, 뒷면에는 흰색 독수리 깃털 두 개를 단 가면을 머리에 뒤집어쓰고 역시 목에 가문비나무를 두르고 화려한 치마에 허리 뒤로 여우 가죽을 맨다. 여우가 부족에게 중요한 동물임을 상기시킨다. 남성 예이는 웃옷을 입지 않고 간단한 장신구를 걸치거나 윗몸에 재를 함께 바르기도 한다.*

전통적으로 예이들은 화려하거나 번쩍이는 것을 몸에 걸치지 않는다. 여자 예이들은 앞면만 가면인 마스크를 쓰고, 목에 나뭇가지를 두르지 않는다. 전통 치마에 빨간색의 장식 띠와 사슴 가죽 장식을 걸친다. 흰 천을 아주 두껍게 두른 전통 신발은 무척 아름답다. 간혹 남자 예이가 여자 쪽에서 춤을 추기도 한다. 여자 예이들은 두 손 모두 가문비나무 가지를 들고 있다. 비의 신은 긴팔 옷과 긴 바지를 입고 오른손에 여우 가죽을 들고 말하는 신을 따라한다. 광대처럼 사람들에게 다가가 재미있는 모습을 보여준다.

환자가 호간 앞에 바구니를 내려놓으면 주술사는 환자 오른쪽에 앉고 사람들은 노래를 기다린다. 말하는 신은 예이의 북쪽, 남쪽을 보고 서 있다가 동쪽으로 가서 자기 주머니를 올려 든다. 여섯 명의 예이는 이때 신호를 받아 왼발을 오른쪽으로 튼다. 호리병을 흔들면서 팔로 물을 길어 올려 입으로 가져가는 시늉을 한다. 말하는 신은 동에서 서로 간다. 이윽고 "우후후후" 소리를 내자 물 뜨는 동작을 다시 반복한다. 다시 동쪽을 바라본다. 예이들은 몸을 돌릴 때 항상 시계방향으로 돈다. 말하는 신이 발을 두 번 구르면 예이들은 춤을 시작한다. 이 동작들이 노래 부르기 전 네 번가량 반복되며 예이들은 여덟 번 방향을 바꾼다. 노래들은 우주와의 조화, 성공, 건강, 안녕을 기원하는 내용이다. 의식 전 예이를 맡은 이들은 많은 연습을 하여 의례에서 동작이 모두 맞도록 세심한 주의를 기울인다. 동작이 조금이라도 틀리면 의례는 중단되며 의식은 취소된다. 예이들이 춤을 시작하면 말하는 신은 가만히 서 있거나 걸어 다닌다. 한 소절이 끝나면 "우후후" 하고 다시 말한다. 의식이 끝나면 의례 춤꾼들은 서쪽을 보고 선다. 노래가 끝나면 동쪽으로 모두 돌아가서 처음 출발한 나무 병풍 뒤로 사라진다. 예이들은 가면을 벗고 호리병을 함께 북쪽에 놓는다. 이들은 의례를 마친 후 호간으로

---

* 재는 성스러운 것을 보호하는 역할을 한다.

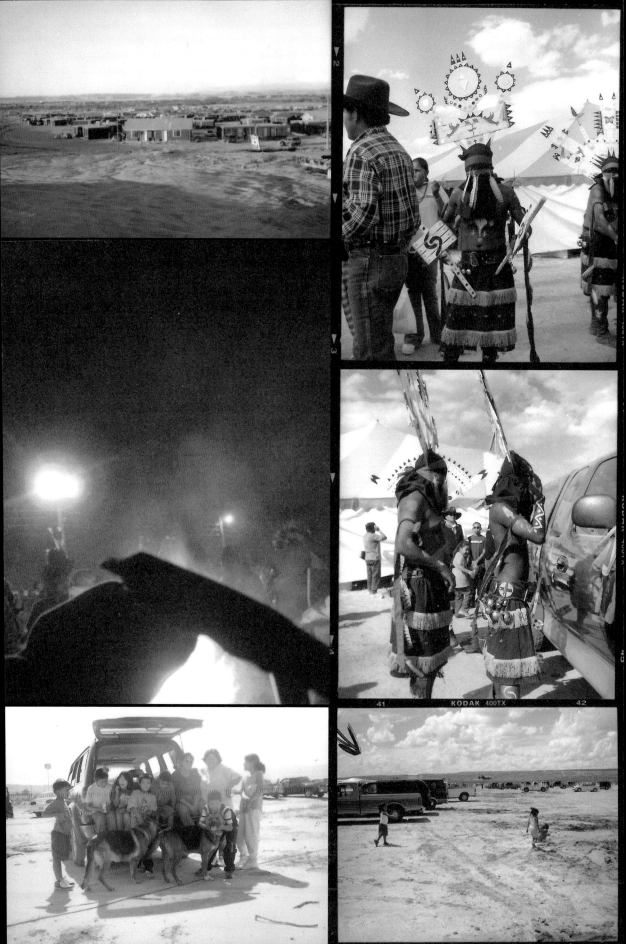

돌아가서 기도한 후 모든 일정을 마친다. 의례가 끝나면 사용된 의상도 없애고, 몇 시간씩 공들여 그린 모래그림도 지워 없앤다. 의례의 힘을 가지기 위해서다.

예비체이 춤은 일정한 간격을 두고 계속 이어진다. 한 그룹이 끝나면 약 10분 뒤 다른 춤 그룹이 들어와 계속 잇는다. 조화로운 계절의 순환은 예비체이 의례의 핵심이라고 할 수 있다. 예비체이 의례 구조를 보면 가장 위쪽에 호간이 자리하고 호간 안에서는 여러 샤먼들이 찬트를 읊조리며 모래그림을 그리고 의례를 주관한다. 호간 앞에는 환자, 샤먼이 위치하고 길게 입장하는 의례 춤꾼들이 두 줄로 서서 의례를 시작한다. 환자가 예이들의 가장 위에 위치하는 것은, 겨울을 잘 견디고 지내면 다시 풍요로운 봄에 대지에서 많은 씨앗들이 다시 자라는 계절의 순환과 조화를 나타낸다. 이들 주변으로 부족민들 수백 명이 자리한다. 그곳으로부터 약 100미터 아래쪽에 나무 병풍이 설치되고 그 뒷면에서 의례춤꾼들이 준비하고 기도한다. 이곳은 일반인에게 공개하지 않는다. 이들이 이곳에서 준비를 마치면 호간 앞으로 이동한다. 예이들은 사람들이 보이지 않는 곳에서 준비한다. 아프리카 원주민들이 탈을 쓰고 의식을 치를 때도 사람들이 보이지 않는 곳에서 준비하는 것과 마찬가지다. 남성 예이들은 또한 다양한 신을 나타낸다. 나바호 원주민들 공동체에도 아주 많은 자연의 신들이 있다. 천둥 신, 바람 신 등…….

제식 때 남성 예이들이 들고 있는 호리병은 원래 조롱박을 말려 씨앗이 분리되면 소리가 나는 것이지만 지금은 말린 박 속에 콩이나 조그마한 돌을 넣기도 한다. 아주 간단한 무성음 음절에 맞춰서 호리병을 흔들면 소리가 리듬을 타기 시작한다. 그리고 남녀 모두 춤을 추다가 주기적으로 쌍을 이루어서 바깥쪽에서 안쪽으로 들어가며 동작을 되풀이한다. 노래와 동작은 반복되는 공통점이 있다. 매우 중요하며 틀리지 않도록 지켜보는 이들 모두 기원한다.

이들이 추는 춤을 보면 푸에블로 마을에서 보았던 집단 춤과 많이 유사하다. 손에들고 있는 나뭇가지와 가죽들도 그렇다. 서남부 원주민들의 춤은 매우 단조롭게 반복된다. 그것은 호간 안에서 읊는 찬트의 반복과도 일맥상통한다. 지칠 줄 모르며 발을구르는 집단적 춤은, 자연의 힘이 이들을 움직이는 듯한 착각을 만들어낸다. 계속 반복되는 동작을 지켜보자니 부드러움이 느껴진다. 몸은 약간 웅크려 앞쪽으로 살짝 기울어 있다. 주먹 쥔 손을 가슴 아래 옆구리에 붙이고 발을 구르는 리듬에 맞춰 최대한 자연스럽게 움직인다. 모두 한 몸처럼 동작이 같은 리듬을 탄다. 춤꾼들 중 몸에 작은 종을 매단 사람들도 눈에 띈다. 주변에서는 비의 신이 익살스럽게 장난스런 동작으로 경건한 분위기를 조금 편안하게 만든다.

예비체이의 마지막 3일 밤은 보통 늦은 밤부터 다음날 새벽까지 이어진다. 수백 명의 나바호 원주민들이 같이 지켜보면서 예이들의 춤과 노래가 잘 끝나기를 마음속 으로 기원한다. 이들은 예비체이 의식이 완벽하게 잘 되면 다음해에도 좋은 계절이 오 리라 믿는다. 노래의 내용은 계절의 순환을 의미한다. 단순과 반복은 되새기는 역할을 한다.

원래 예술의 기원은 제의에서 시작되었다. 예술은 신을 즐겁게 하는 제사에서 노 래와 춤을 통해 봉헌되는 것이다. 예비체이 의례는 예술의 원류를 완벽히 간직하고 있 다. 호간에서 마을 사람들의 찬트, 춤, 행위가 어우러져 조화를 이루어야만 한다. 마 지막 날, 예비체이 춤과 의례는 새벽까지 이어지고 기도가 끝나면 파랑새 노래가 이어 진다. 파랑새가 의미하는 행복과 평화를 기념하면서 마무리되는 것이다. 새 날이 시작 됨을 알리는 노래다. 10월 초, 서남부 사막의 하늘에 퍼지는 새벽의 기도, 차고 맑은 공기, 아름다운 기운의 의례는 천천히 막을 내린다.

새벽에 파랑새가 지저귄다.

파랑새는 아름다운 목소리를 가지고 있다.

그 목소리는 어떤 기쁨에 찬 아름다운 목소리다.

파랑새가 노래한다. 파랑새가 노래한다.

– 나바호족의 밤의제식 구전노래

뉴멕시코의 쉽록에서 예비체이를 지켜본 것은 모두 세 번이다. 세 번 모두 마지막 3일은 부족민들이 참여해서 전체적으로 규모가 컸다. 전통적으로는 작게 진행되었지 만 현대에 와서 교통이 편리해져 어느 마을에서 열린다는 것이 알려지면 인근 마을 등에서 사람들과 춤꾼들이 의례에 참여하고자 몰려든다. 노인들은 요즘에 이르러 의례가 많이 상업화되었다고 한탄하지만 내가 보기에는 그래도 원형이 잘 보존된 의례가 아닐까 생각한다. 평원 원주민들의 파우와우Powwow에 참여해 보면 비교가 되는데 현대에 이르러 파우와우는 등수를 매기는 경쟁방식으로 완전히 변해버렸다. 많은 춤꾼들이 상금이 걸려 있는 파우와우를 찾아 이곳저곳 장사꾼처럼 옮겨 다니고 사람들은 이들의 경연을 보고 환호한다. 원래 사람들이 자신의 존재감을 나타냈던 행위가 순위를 매기는 게임으로 변질된 것이다.

카치나가 가져다준 풍요와 건강

농경문화를 가지고 있는 미국 서남부 원주민들 사이에 코코펠리 이야기가 전해 내려온다. 코코펠리Kokopelli란 선사시대부터 미국 남서부 지역에 살아온 호피족 인디언들의 신으로, 풍요, 다산, 음악, 춤, 여행의 신화적 상징으로 정의된다. 다산의 신, 장난꾸러기, 치유자이며 이야기꾼으로 알려진 코코펠리는 수세기 동안 신비로움의 원천이었다. 코코펠리는 약 3천 년 전 처음으로 암각화가 그려질 시기의 미국 남서부 원주민의 상징이었다. 비록 그의 실체는 알려지지 않고 있지만 방랑하며 피리를 연주하는 이 카사노바는 많은 인디언에게 신성한 존재로 여겨져 왔다.

그런데 미국 남서부 전역의 암벽과 암석에 곱사등이 피리 연주자 형상이 그려지거나 조각된 모습으로 발견되었고, 그에 대한 많은 전설이 내려오고 있다. 그 중 하나는, 그가 이 마을 저 마을로 여행을 하며 추운 겨울을 몰아내고 봄을 부른다는 것인데, 눈을 녹이고 비를 내려 풍작을 가져다 준다는 것이다. 또한 그의 곱사등은 혹이 아니라 씨앗과 노래를 담는 배낭이며, 그의 피리소리는 따뜻한 봄기운을 가져오는 산들바람으로 들렸다고 한다. 또한 그는 잉태의 근원이라는 말도 있다. 코코펠리가 연주하는 피리소리를 듣고 모든 마을 사람들이 밤새도록 춤과 노래를 즐기고 나면, 다음날 아침 모든 처녀들이 임신을 하게 되었다고 한다. 코코펠리의 진정한 의미가 무엇이든 간에, 그는 음악의 창조자이며 그와 함께 한 사람들에게 기쁨을 주는 존재임은 틀림없다. 그래서 오늘날에도 곱사등이에 피리를 불며 춤을 추는 코코펠리는 북미인들에게 환영받는 존재다.

옥수수가 올라온다, 비가 내린다.

그래서 옥수수가 자란다.

비가 내린다. 옥수수가 올라온다.

그래서 어린비가 온다.

옥수수가 올라온다, 비가 내린다.

초목이 비와 함께 온다.

비가 내리고 옥수수가 올라온다.

꽃가루가 비와 함께 온다.

코코펠리를 나타낸 카치나Kachina 인형은 발기된 모습으로 남성성과 다산을 상징한다. 코코펠리의 아이를 잉태한 여자는 사람들에게 존경받는다. 그녀는 신에 의해 잉태된 아이를 가졌기 때문이다. 아메리카 원주민인 호피족과 주니족의 종교에서는 영적인 존재를 카치나라고 부른다. 호피족 말로 '생명을 주는 것'이라는 뜻으로 푸에블로 문화에는 400여 개의 카치나가 있다. 호피족 사람들은 죽을 때 카치나 인형을 조각해 소녀들에게 선물하는데 인형이 소녀들에게 카치나가 깃들도록 돕는다고 여겼다. 호피 원주민과 푸에블로 원주민은 자연과 선조의 혼백을 상징하는 종교적인 인형을 아이들에게 장난감으로 주었다. 이른바 카치나라고 하는 정령은 호피족에게는 초자연적인 존재이자 정신적인 세계에서 온 사자로 여겨졌다. 카치나는 좋은 삶을 살다간 죽은 자들의 영혼으로 호피족 사람들의 친구이자 손님이었고 호피족에게 선물과 양식을 가져다 주는 존재로 여겨졌다. 집에 돌아오면 호피족 사람들은 카치나에게 풍요로운 삶과 풍성한 수확 그리고 비와 건강을 빌었다. 카치나 댄서*들은 젊은 처녀들에게 건강과 다산을 기원하며 여러 형태의 인형을 선물했다. 카치나 인형을 오늘날에는 비교적 구하기 쉽다. 수집가들이 많이 찾기 때문에 많은 호피족들이 인형을 상업적으로 생산하고 있다. 오늘날 카치나 인형은 뛰어난 목각 예술로 여겨지며 인디언 예술시장에서 높은 값에 거래되고 있다.

* 카치나를 구현한 탈춤을 추는 남자

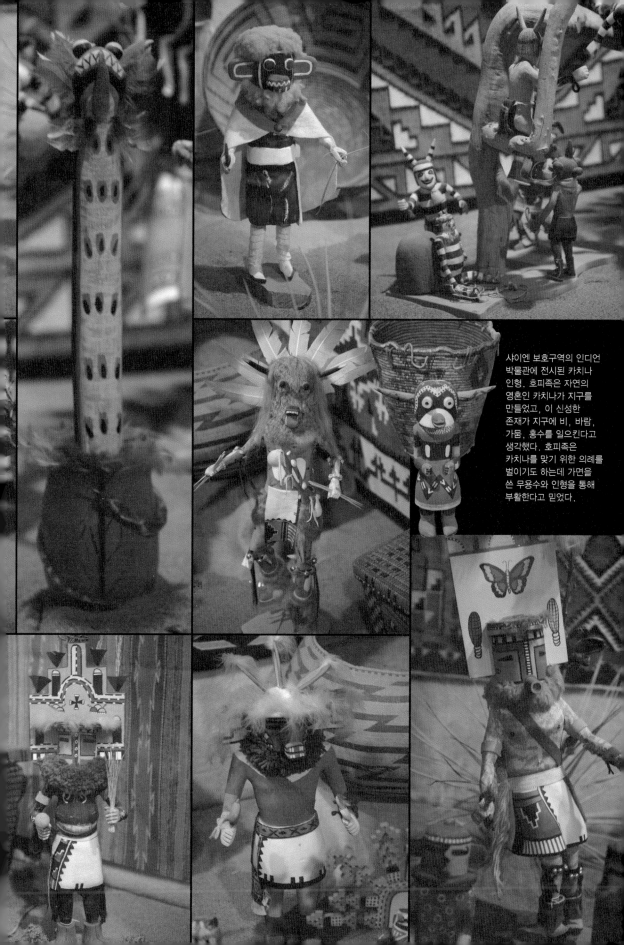

샤이엔 보호구역의 인디언 박물관에 전시된 카치나 인형. 호피족은 자연의 영혼인 카치나가 지구를 만들었고, 이 신성한 존재가 지구에 비, 바람, 가뭄, 홍수를 일으킨다고 생각했다. 호피족은 카치나를 맞기 위한 의례를 벌이기도 하는데 가면을 쓴 무용수와 인형을 통해 부활한다고 믿었다.

북미 원주민 문화에서 샤머니즘의 경험과 샤먼과의 만남은 특별한 경험이다. 미국 원주민들 세계에서 샤먼은 삶과 죽음에 대해서 많은 가르침을 상징한다. 모든 삶이 둥그런 치료의 원medicine circle 속에서 이루어진다고 여겨 왔기에 새로운 시작이 없이는 진정한 끝도 없다고 여긴다. 삶의 원은 사람들이 살아가며 경험해야 하는 삶의 교훈이나 단계를 포함하고 있다. 위대한 신비가 인간에게 오는 삶의 영적 흐름을 나타낸다. 삶의 원은 신성한 방법으로 숭배된다. 사람의 영혼은 바람으로 이루어졌다고 믿는다. 육체의 삶은 원의 남쪽에서 시작된다. 사람들 모두는 북쪽에 위치한 노년기에 다다를 때까지 남쪽에서 북쪽으로 원을 따라 여행한다. 원주민 마을에서 보이는 치료의 원들은 다음과 같은 뜻을 담고 있다.

'삶의 영혼은 원의 고리를 따라 여행하며 삶의 가르침을 배운다. 동쪽은 인식과 의식의 모든 단계의 출발 지점인 집이다. 지구 여행을 끝낸 사람의 영혼은 원의 북쪽을 떠나 고리를 따라 동쪽으로 움직인다. 이것은 영혼에게 동쪽 문을 통할 것을 허락하며 동쪽에서 서쪽을 가로지르는 영혼의 푸른 길로 들어갈 수 있게 해준다. 인간은 이 푸른 길을 통해 새로운 육체적인 삶으로 돌아간다. 다시 한번 영혼으로 동쪽의 문을 통하여 남쪽으로 원을 따라 여행하며 삶의 영혼을 육체로 다시 탄생시킬 수 있다.'

보호구역에서의 샤머니즘 체험을 통해 이 의례들이 지구와의 진실한 소통이라는 생각이 들었다. 이것은 말로 설명할 수 있는 것이 아니다. 오래전 그들의 먼 선조로부터 자연, 신과 소통하는 법을 배워온 것이다.

수백 명의 사람들이 곳곳에 불을 피워놓고 이 의례를 함께 지켜보았다. 진지하게 지켜보는 노인들은 이 의례를 평생 함께 해 왔으리라. 의례장 주변은 조용하고 차분한 새벽의 기운과 함께 평화로움과 정화된 분위기를 전달했다. 모두가 한 마음 한 뜻으로 기도하며 의례를 지켜보았다. 불에 타는 나무 소리와 호간 안의 노래, 그리고 댄서들이 춤추면서 부르는 노래, 호리병 소리만이 밤새 울렸다. 내 옆에 있던 소년은 의식을 지켜보다 모닥불 곁에서 깊이 잠들었다. 붉게 비치는 사람들 얼굴 사이로 행복하게 잠들어 있는 소년을 보았다.

천둥의 열두 번째 노래

저 위에
천둥의 목소리
검은 구름 안에서
다시 저 목소리
돌아다니려 하는
저 목소리는 이 땅을 아름다움으로 채우나니

저 아래
귀뚜라미의 목소리
풀 숲 사이에서
다시 저 목소리
돌아다니려 하는
저 목소리는 이 땅을 아름다움으로 채우나니

— 나바호족의 밤 기도 노래

아이가 탄생하며 우주를 만나다

여보시오!
거기 있는 태양, 달, 별들, 하늘 위를 움직이는 그대 모두들이여,
그대들이 듣고 있음을 나는 틀림없이 알고 있소이다!
그대들의 한가운데로 새로운 생명 하나가 여기 왔소.
내 간절하게 비나이다, 제발 반갑게 맞아주시오!
그 아이가 가는 길을 평탄하게 해주시어
그가 저기 저 첫 번째 고개의 험한 산꼭대기까지 올라갈 수 있도록 해주시오.

여보시오!
거기 있는 바람, 구름, 비, 안개, 공기 중에 떠도는 그대 모두들이여,
그대들이 듣고 있음을 나는 틀림없이 알고 있소이다!
그대들의 한가운데로 새로운 생명 하나가 여기 왔소.
내 간절하게 비나이다, 제발 반갑게 맞아주시오!
그 아이가 가는 길을 평탄하게 해주시어
그가 저기 저 두 번째 고개의 험한 산꼭대기까지 올라갈 수 있도록 해주시오.

여보시오!
거기 있는 언덕, 계곡, 호수, 나무, 풀, 땅 위에 있는 그대 모두들이여,
그대들이 듣고 있음을 나는 틀림없이 알고 있소이다!
그대들의 한가운데로 새로운 생명 하나가 여기 왔소.
내 간절하게 비나이다, 제발 반갑게 맞아주시오!
그 아이가 가는 길을 평탄하게 해주시어
그가 저기 저 세 번째 고개의 험한 산꼭대기까지 올라갈 수 있도록 해주시오.

여보시오!

거기 있는 크고 작은, 하늘을 나는 모든 새들이여,

여보시오!

거기 있는 크고 작은, 숲 속을 배회하는 모든 동물들이여,

여보시오!

거기 있는 풀 사이를 기어가는, 땅 속을 파고드는 모든 곤충들이여,

그대들이 듣고 있음을 나는 틀림없이 알고 있소이다!

그대들의 한가운데로 새로운 생명 하나가 여기 왔소.

내 간절하게 비나이다, 제발 반갑게 맞아주시오!

그 아이가 가는 길을 평탄하게 해주시어

그가 저기 저 네 번째 고개의 험한 산꼭대기까지 올라갈 수 있도록 해주시오.

여보시오!

거기 하늘 위에 있는, 공기 중을 떠도는, 땅 위에 사는 그대 모두들이여,

그대들이 듣고 있음을 나는 틀림없이 알고 있소이다!

그대들의 한가운데로 새로운 생명 하나가 여기 왔소.

반갑게 맞아주시오, 그대 모두들 정말 반갑게 맞아주시오!

내 간절하게 비나이다, 내 정말 간절하게 모두에게 비나이다,

그 아이가 가는 길을 평탄하게 해주시면,

그는 결국 네 개의 고개를 모두 넘어 그 너머의 땅까지 여행할 수 있게 될 것이오!

– 오마하족의 시

지구 사람들, 디네*

지구와 인간과의 관계는 여러 원주민 의례를 통해서 알 수 있다. 아시아, 몽골, 시베리아, 베링해, 북·남미 지역의 원주민들은 그들의 의례를 통해서 인간과 자연과 우주에 대한 그들의 관계성을 표현하며 살아 왔다. 의례에 참여하는 의복과 의례의 형태 등은 이러한 원주민 세계관의 표현이다. 북미 원주민 중 대초원에 살았던 여러 부족들은 아이들이 일정한 나이에 이르면 내적인 힘과 미래를 향해 나아갈 비전을 찾기 위해 성스러운 장소에서 며칠 동안 금식하며 홀로 지내게 했다. 오마하 부족은 아이가 태어나면 의례를 통하여 한 생명의 시작을 축복하며 우주의 평화로운 기운 속에서 여러 자연의 힘에게 아이의 영적 성장을 부탁하는 의례를 가졌

모뉴먼트 밸리

* 디네(Diné)는 나바호족이 자신을 이르는 이름이다.

다. 인간이 자연과의 깊은 유대 속에서 고유의 운명으로 자라날 수 있다고 생각했다. 그래서 모든 성장의 과정마다 자연의 모든 요소들 속에서 인간이 성장해 나갈 수 있고 일정 시기가 될 때마다 그런 과정을 공동체 속에서 과정으로써 거치게 했다. 사람이 태어나면서 죽을 때까지 거치게 되는 과정마다 치르는 일정한 격식을 원주민들은 통과의례라고 한다. 일정한 시험을 거쳐, 부족의 완전한 구성원으로 역할을 할 수 있는

자격을 인정받게 되는데, 북미 원주민이 성인이 되기 위해 거치는 통과의례는 각 부족의 자연, 문화 환경에 따라 매우 다양하다.

원주민 소년은 일정한 나이가 되면 부족의 성인 남성으로 인정받기 위한 첫 단계로 말을 수여받고 보살피게 된다. 두 번째 단계는 사냥법을 익히기 위해 다른 소년들과 함께 사냥꾼이 동물을 추적하는 방법을 관찰하는 것이다. 이때 청소년은 신발이 젖었을 때 곧바로 갈아 신을 수 있도록 마른 모카신moccasin을 운반하는 역할을 맡게 된다. 통과의례를 치르면서 아버지, 삼촌, 다른 전사 공동체의 구성원이나 추장과 같은 부족의 성인남자가 되기 위한 느리고 험한 수업이 시작된다. 청소년이 부족의 전사로 인정받기 위해서는 아주 힘든 고난을 이기고 여러 과제를 수행해야 한다. 사냥에 성공하거나 전사의 일원이 되는 것은 소년기를 마치고 성인남자가 되는 것을 의미한다.

달 오두막과 부족의 어머니

여성의 경우, 신체적 변화에 관한 많은 의식이 전해져 온다. 원주민 여성들은 월경 주기 동안 '달 오두막'이라는 장소에 모여 몸의 변화 기간 동안 휴식을 취한다. 월경 기간에 여성들은 가족의 의무에서 제외되고 달 오두막에서 부족의 다른 여성들과 함께 휴식을 취한다.

전통적으로 월경 기간은 여성의 신성한 시간이고 여성은 창조의 힘의 어머니로서 존중되었다. 이 기간 동안 여성은 오래된 에너지를 방출하고 대지 어머니의 비옥함과의 재결합을 준비한다. 원주민들은 이 시간 동안 여성들에게 신성한 공간에 머무르는 것이 중요하다는 것을 알고 있었다. 여성은 풍요로움과 비옥함의 모태이기 때문이다. 여성은 아이를 낳아 종족을 번성시키며, 자궁에 부족의 미래를 지니고 있다고 여겼다. 그러므로 아이를 가질 수 없는 월경 기간은 여성의 휴식 기간이다. 여성들은 그 기간 동안 한 공간에서 함께 생활하면서 생체리듬을 맞추게 되고 자연스럽게 동시에 월경을

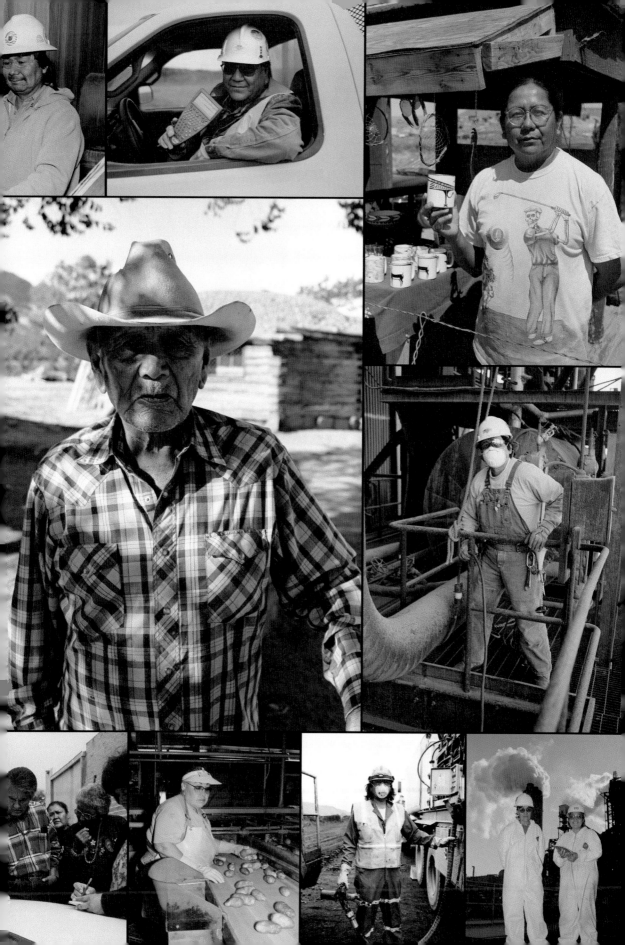

맞게 된다. 이 자연적 리듬은 여성들의 유대를 강화한다. 여성들은 감수성 있는 본성으로 물려받은 직관을 인식하며 신성한 길을 경배한다. 신체의 주기를 따르고 그들 안에서 나타나는 감정들을 느끼며 여성들은 수세기 동안 그들의 부족을 위한 사람으로 존중되었다.

동부 뉴욕주에 사는 세네카 부족 전통에서 이들은 부족의 몸_{부족 전체}을 지배하는 것은 여덟 개의 씨족을 통해 나타나고 각 씨족에는 어머니가 있다고 한다. 그래서 모든 성장은 여성으로부터 온다고 알려져 왔다. 씨족 어머니들처럼 직관과 지혜의 선물을 사용하는 것을 배움으로써 각 여성은 그녀를 신성한 길로 인도하는 진리에 접근할 수 있다.

달 오두막은 '검은 오두막'이라고도 불리는데 검은색은 치료 바퀴*Medicine wheel*의 서쪽을 나타낸다. 전통적으로 치료바퀴의 서쪽은 여성들의 장소이고 미래의 장소이며 곰의 고향이다. 곰이 한 해 동안 모은 정보와 음식들을 소화시키기 위해 동굴로 들어가듯 여성들도 지난달 동안 대지 어머니로 받은 선물을 숭배하기 위해서 달 오두막으로 들어간다. 어두운 밤하늘에 떠 있는 밝은 달은 자연 안의 여성에 비유된다. 그래서 밝은 달인 여성이 있는 오두막을 밤하늘에 빗대어 검은 오두막이라고 부른다.

달의 시간 동안 여성들은 비전과 꿈, 경험과 재능을 나누며 생활한다. 여성에게 전사 사회나 씨족이 금지된 것처럼 검은 오두막은 남성들에게 금지된 공간이기 때문에 여성들 안에서만 다른 사람들과 재결합할 수 있다. 검은 오두막은 여성 치료의 중심이다. 초경을 앞둔 원주민 소녀들은 달의 주기에 관해 배우고, 몸을 소중히 여길 것과 몸

나바호 부족원인
프랭클린 앨리슨
가족모임

즐거운 가족모임

* 아메리카 원주민들이 둥글게 돌을 놓아 만든 치유의 공간

의 욕구를 존중할 것을 배운다. 생산이 가능한 여성이 된다는 것의 의미와 부족에서 자신의 역할에 대해서도 알게 된다. 아내와 어머니로서의 의무, 생활소품을 만드는 방법, 창의성과 재능을 개발하는 것, 의식과 제사, 아이를 돌보는 방법, 그리고 그녀 고유의 토템과 치료와의 연결을 인식하고 정신적으로 사용하는 것이 포함된다.

촉토 부족*은 첫 초경을 맞이한 소녀의 어머니나 가장 연장자인 친척 여성이 개울가에서 이끼를 잘라내어 달 오두막으로 돌아온다. 월경 혈 몇 방울을 이끼 위에 떨어뜨린 다음 다시 개울가에 심어 대지 어머니와 연결시킴으로써 소녀가 여성이 되었음을 축복한다. 이러한 의식을 거친 소녀는 다른 여성들로부터 창조의 힘을 가진 미래의 어머니로 인정을 받고 여성 의회에서 동등한 대접을 받게 된다. 가족들은 소녀를 위한 축제를 준비한다. 이 축제에 모인 모든 부족 사람들은 가장 품질 좋은 담비 가죽을 가지고 참석한다.

소녀의 얼굴에는 여성이 되었음을 상징하는 달이 그려지고 소녀의 외조부모가 담비 가죽을 땋아 만든 끈의 한쪽 끝으로 소녀의 엄마와 아빠의 허리를 한데 묶고 반대쪽 끝을 소녀의 허리에 묶는다. 부모는 원의 중심 역할을 하고 소녀는 부모 주위를 돌며 춤을 춘다. 원은 네 번 만들어지고 매 번 딸은 각 방향으로 과거에 그녀의 부모가 그녀에게 보여주었던 사랑에 감사의 기도를 올린다. 소녀의 춤이 끝나면 부모는 사람들 앞에서 그녀가 이제는 스스로 결정을 내릴 수 있는 성인임을 알린다. 부모는 딸에 대한 지속적인 사랑과 그녀의 미덕과 재능에 대해서 이야기하고 부모가 그녀를 더 지도할 것이라고 말한다. 딸은 탯줄을 잘라내는 것과 같이 담비 가죽 끈을 잘라내고 모든 부족은 다함께 그 순간을 나눈다. 축제는 시작되고 가족은 손님들을 대접하며 최대 이틀까지 지속된다.

수우 부족**에서는 어린 소녀를 위한 또 다른 통과의례가 혼인 적령기에 이르러 행해진다. 이 의식을 다코타족은 훈카Hunca라고 부른다. 여기에는 젊은 여성에 대해 궁금해 하는 모든 젊은 남성을 위해 허가기간에 대한 안내가 포함된다. 훈카 의식에서

* 원래 동부에 거주했으나 미국 정부의 강제 이주 정책으로 1830년대에 오클라호마로 이주되었다.
** 미국 대평원의 대표적 기마부족. 몬태나, 노스다코타, 사우스다코타, 와이오밍, 네브래스카주 등에 흩어져 살고 있다.

나바호 보호구역 마을

소녀는 아버지 또래의 전사 클랜의 구성원에 의해서 그녀의 오두막에서 의식의 오두
막으로 들어가게 된다. 소녀는 존경받는 남성 어른 앞에 앉아 부족의 명예로운 여성으
로서 책임에 대해 가르침을 듣는다. 소녀는 부족에서 그녀의 새로운 역할과 여성의 행
위에 대해 부족법을 따른다는 것을 상징하는 옷을 선물 받는다. 여성은 부족 사람들을
부양할 소명이 있고 원주민 여성은 그만큼 존경받는다. 월경 주기에는 음식을 준비하

거나 춤추기, 의식에 참여하기, 남성과의 생활이 중단된다. 많은 현대인은 이 관습에 대해 오해를 한다. 이 전통은 여성들이 불임의 기간, 월경 기간 동안 스스로를 보살피기 위해서 비롯되었고 본래는 여성에 대한 최상의 존중이다.

고대 나바호족의 전설인 '변하는 여자changing women'는 지구에서 최초로 아이를 가질 수 있는 여성에 관한 것이다. 이것은 키나알다를 행함으로써 아이를 가질 수 있었다고 전해지고 있다. 나바호족의 사춘기 통과의례인 키나알다Kina.alda는 월경을 막 시작한 소녀의 가족이 외부에 알리지 않고 가장 가까운 가족들만 초청해서 행하는 전통의식이다. 초경을 맞이한 소녀는 4일간의 의식을 통해 여성이 되는 것에 대한 축복뿐만 아니라 성인여성으로서 가져야 할 여러 가르침을 어머니와 할머니, 가족들로부터 받는다. 먼저 머리 모양이 바뀌고 입는 옷이 바뀌며 몸을 강하게 만들기 위한 통과의례가 매일 시작된다. 여성으로 다시 태어남을 알리고 새로운 힘을 받기 위한 의식인데 나바호 전통가옥 호간 안에서 이루어진다.

키나알다, 소녀에서 여인으로

나바호족인 페리와 프랭클린 부부는 메간이라는 14세 딸이 있는데 초여름이 시작될 때 키나알다 행사를 준비했다. 친가와 외가 할머니와 고모, 이모 그리고 친척들이 모두 모여 축복을 빌며 의식을 주관할 치료주술사가 이 자리를 같이 했다. 의식이 시작되는 호간은 나바호족의 전통집인데 원추 모양을 하고 있다. 호간의 모양은 조금씩 다른데 지붕은 진흙으로 덮였다. 현대적인 호간은 사각형이나 육각형의 모양을 하고 있다. 원주민들 집은 대개 해가 뜨는 동쪽 방향인데 호간의 입구도 마찬가지로 동쪽으로 나 있다. 삶의 번영과 영혼이 들어오는 방향이 동쪽이기 때문이다.

가족이 호간 안에 자리를 잡으면 그 다음 친척들이 자리하고 호간의 가운데에는 전통 양탄자가 깔린다. 소녀는 호간의 가운데에 동쪽의 문 쪽으로 다리를 모아 쭉 펴고 앉는다. 소녀의 어머니도 소녀의 뒤에 앉아 딸의 머리를 단정히 빗질을 해서 정리하기 시작한다. 고대로부터 이어지듯 야생풀을 모아서 빗을 만들고 이것으로 머리를 빗는다. 뒤로 모아진 머리를 한곳으로 모아 가죽 끈과 조랑말 꼬리를 이용해서 묶고 고정시킨다. 새로운 머리 형태로 꾸미고 나면 공식적인 의식이 시작된다. 처음 30분간 기도를 올리고 노래를 부른다. 보통 가족이 초대한 치료주술사가 가족과 이야기하고 순서와 진행을 도우며 축복의 노래와 기도를 이끈다. 그동안 소녀는 전통 성인 여인 옷으로 갈아입는다. 옷은 나바호 직조로 짠 전통 문양의 옷이다. 실은 양털에서 뽑는데 식물에서 추출한 천연염료로 색을 입힌다. 전통옷은 만드는 데 기간이 오래 걸리는 만큼 아름답고 기품이 있다. 그리고 나바호 전통보석으로 만든 목걸이, 팔찌, 귀걸이 등을 몸에 치장한다. 나바호 은세공은 화려하고 아름답다. 가장 많이 쓰이는 터키석은 모든 보석장식에 들어가 있다. 원주민 의식에 사용되는 터키석은 어머니 대지의 토양에서 나와 대지의 수호자로 활동하는 하늘나라를 상징한다. 터키석은 보호를 위해 사용할 수 있는 남성적인 요소이며, 보호를 위한 치장이다. 그리고 발과 종아리는 사슴 가죽으로 두르고 모카신이나 신이 함께 포장된다. 3박 4일간 일정이 반복되면서 의식은 진행된다. 아침에는 일찍 일어나 20여 분 호간 동쪽을 향해 뛰고 돌아온다. 이때 가족들이 동행해서 함께 뛰기도 한다. 저녁 무렵에도 또 한 번 뛴다. 신체를 강하게 하기 위함이다.

키나알다 경주의 노래

그녀의 아이,
소리들은 저 멀리 아득히 사라져 갔노라.
소리들은 저 멀리 아득한 곳으로 사라져 갔노라.
서쪽의 아이,
소리들은 저 멀리 아득한 곳으로 사라져 갔노라.
청록색 소녀,
소리들은 저 멀리 아득한 곳으로 사라져 갔노라.
그녀의 청록색 신발,
소리들은 저 멀리 아득한 곳으로 사라져 갔노라.
땅의 사람들에 둘러싸여,
소리들은 저 멀리 아득한 곳으로 사라져 갔노라.

보석의 산맥이 그녀를 에워싸고,

소리들은 저 멀리 아득한 곳으로 사라져 갔노라.

그녀가 뛰기 시작하자, 모든 종류의 초목과 식물이 그녀를 한 방향으로 쫓는구나,

소리들은 저 멀리 아득한 곳으로 사라져 갔노라.

이제 그녀의 위에 조그만 노란 색의 얼룩덜룩한 새들의 지저귀는 소리가 들리는구나,

소리들은 저 멀리 아득한 곳으로 사라져 갔노라.

그녀 뒤에 밤은 이제 떠나버렸구나,

소리들은 저 멀리 아득한 곳으로 사라져 갔노라.

그녀 앞에 밤은 이제 떠나버렸구나,

소리들은 저 멀리 아득한 곳으로 사라져 갔노라.

그녀 뒤에, 축복이 베풀어졌고,

소리들은 저 멀리 아득한 곳으로 사라져 갔노라.

그녀 앞에, 축복이 베풀어졌고,

소리들은 저 멀리 아득한 곳으로 사라져 갔노라.

이제 소녀는 피곤해지지 않고 오래 참을 수 있게 되었나니,

소리들은 저 멀리 아득한 곳으로 사라져 갔노라.

그녀가 뛰기 시작하자 그녀로부터 불어오는 산들바람은,

그녀가 뛰기 시작하자 그녀로부터 불어오는 산들바람은,

그녀가 뛰기 시작하자 그녀로부터 불어오는 산들바람은,

참으로 아름답구나.

검은 보석 소녀,

그녀가 뛰기 시작하자 그녀로부터 불어오는 산들바람은 아름답구나.

그녀의 검은 보석 신발,

그녀가 뛰기 시작하자 그녀로부터 불어오는 산들바람은 아름답구나.

그녀의 어두운 주름이 진, 검은 보석 신발,

나바호족 결혼식, 뉴멕시코 파밍턴

그녀가 뛰기 시작하자 그녀로부터 불어오는 산들바람은 아름답구나.

그녀의 검은 보석 신발끈,

그녀가 뛰기 시작하자 그녀로부터 불어오는 산들바람은 아름답구나.

그녀의 검은 보석 각반,

그녀가 뛰기 시작하자 그녀로부터 불어오는 산들바람은 아름답구나.

그녀의 검은 보석 양말 대님,

그녀가 뛰기 시작하자 그녀로부터 불어오는 산들바람은 아름답구나.

그녀의 검은 보석 치마,

그녀가 뛰기 시작하자 그녀로부터 불어오는 산들바람은 아름답구나.

그녀의 검은 보석 치마 장식띠,

그녀가 뛰기 시작하자 그녀로부터 불어오는 산들바람은 아름답구나.

그녀의 검은 보석 옷가지,

그녀가 뛰기 시작하자 그녀로부터 불어오는 산들바람은 아름답구나.

그녀의 검은 보석 완장,

그녀가 뛰기 시작하자 그녀로부터 불어오는 산들바람은 아름답구나.

그녀의 검은 보석 팔찌,

그녀가 뛰기 시작하자 그녀로부터 불어오는 산들바람은 아름답구나.

그녀의 검은 보석 목걸이,

그녀가 뛰기 시작하자 그녀로부터 불어오는 산들바람은 아름답구나.

그녀의 검은 보석 수정, 이제 그녀가 그것을 걸치니,

그녀가 뛰기 시작하자 그녀로부터 불어오는 산들바람은 아름답구나.

그녀의 검은 보석 귀에 달린 펜던트, 이제 그녀가 그것을 이마에 걸치니,

그녀가 뛰기 시작하자 그녀로부터 불어오는 산들바람은 아름답구나.

하나의 완벽한 검은 보석, 이제 그녀가 그것을 이마에 걸치니,

그녀가 뛰기 시작하자 그녀로부터 불어오는 산들바람은 아름답구나.

그녀의 검은 보석 머리 깃털장식, 이제 그녀가 그것을 걸치니,

그녀가 뛰기 시작하자 그녀로부터 불어오는 산들바람은 아름답구나.

온갖 종류의 말들이 그녀에게 다가오고 물 흐르듯이 지나간다,

온갖 종류의 양들이,

온갖 종류의 열광적인 놀이들이,

온갖 종류의 초목과 식물이,

그녀가 뛰기 시작하자 그녀로부터 불어오는 산들바람은 아름답구나.

아름다운 사람들이 그녀를 섬기고,
온갖 종류의 보석들이,

온갖 종류의 부드러운 천들이,

그녀가 뛰기 시작하자 그녀로부터 불어오는 산들바람은 아름답구나.

오랜 삶 속에서, 영원한 아름다움은,

그녀가 뛰기 시작하자 그녀로부터 불어오는 산들바람은 아름답구나.

그녀와 함께 하는 아름다움은, 지평선에 닿을 듯 멀리도 내뻗치는구나,

한 점의 티 없이 아름다움이 커져가는구나,

그녀가 뛰기 시작하자 그녀로부터 불어오는 산들바람은 아름답구나.

앞에서, 뒤에서, 축복이 베풀어졌고,

그녀가 뛰기 시작하자 그녀로부터 불어오는 산들바람은 아름답구나.

그녀가 뛰기 시작하자 그녀로부터 불어오는 산들바람은,

그녀가 뛰기 시작하자 그녀로부터 불어오는 산들바람은,

그녀가 뛰기 시작하자 그녀로부터 불어오는 산들바람은,

참으로 아름답구나.

– 나바호족의 키나알다 구전노래

첫날밤은 호간 가운데 똑바로 다리를 펴고 허리를 세우고 앉아서 기도를 드리며 밤을 샌다. 가족들은 함께 더 많은 기도를 하며 보내게 된다. 다음날 아침 그대로 복장을 유지한 채 뜀뛰기를 마치고 나면 의식에 쓰일 옥수수 케이크를 만들기 위해서 옥수수를 가는 임무가 주어진다. 옥수수를 빻는 것과 동그란 옥수수 케이크를 만드는 것은 아버지 태양을 의미한다. 이렇게 몇 차례 나누어서 갈린 옥수수 가루를 이용해 셋째 날 옥수수 케이크를 만든다. 옥수수 케이크를 만들 때는 대대로 내려온 막대를 이용한다. 케이크를 구울 구덩이는 소녀가 직접 판다. 남자들이 불을 지피고 반죽이 준비되면 폭 120센티미터에 깊이 30센티미터 정도로 파낸 구덩이를 옥수수 껍질로 덮는다. 옥수수 껍질을 덮는 이유는 파낸 구덩이 안의 흙과 재로부터 케이크를 보호하기 위함이다. 가족들 중 남자들이 불을 피우기 시작하면 옥수수 가루로 만든 반죽이 구덩이 안에 놓이고 케이크를 굽는 과정이 진행된다. 케이크는 밤새도록 구워진다. 남자들

이 옥수수 케이크를 준비하는 동안 소녀의 부모는 초청된 일가친척을 대접하기 위해 양을 잡는다. 집안 여성들이 고기와 내장 등을 분리하고 스프와 음식을 준비한다.

4일간의 의식 중 소녀의 어머니는 소녀를 호간 가운데에 놓인 양탄자 위에 엎드리게 하고 신체를 다시 빚어 만드는 동작으로 소녀의 몸 전체를 빠짐없이 주무르는 행동을 한다. 절대로 소녀의 몸에 직접적으로 접촉하지 않는다. 이것은 흡사 찰흙으로 새로운 것을 빚는 동작처럼 보인다. 그런 후 소녀의 올린 머리를 풀어서 내리고 가지런히 땋는다. 이것은 소녀의 성장을 돕는 행위를 의미한다. 소녀는 이후 어머니가 해준 행동을 같은 부족의 다른 여자에게 행한다. 병들고 늙은 여인에게도 반복해서 행한다. 나이 어린 소녀나 소년에게도 치유의 힘을 나눈다. 이 의식을 통해 소녀에게 치유의 힘이 생긴다고 믿고 있기 때문이다. 다음날 소녀가 양탄자 위에 다시 엎드리면 엄마가 소녀를 만드는 동작을 통해 소녀에서 여자로 만드는 행동을 정성을 들여 반복한다.

아침이 되고 케이크가 완성되면 소녀는 케이크의 동쪽부터 둥그렇게 자른다. 모인 가족 모두에게 빠짐없이 케이크를 나눠주고 케이크 가운데 부분은 치료주술사와 할아버지, 할머니께 드린다. 소녀는 케이크를 먹지 않고, 변화하는 여자가 부족과 땅에게 자신의 비옥함을 주는 의미에서 모두에게 나누어 준다.

마지막 날 새벽, 소녀가 동쪽으로 뛰는 동안 노래가 네 번 반복되어 불렸다. 태양을 대면하고 그 길에서 축복을 비는 노래였다.

With beauty before me, I am traveling,
With my sacred power, I am traveling,

With beauty behind me, I am traveling,
With my sacred power, I am traveling,

With beauty below me, I am traveling,
With my sacred power, I am traveling,

With beauty above me, I am traveling,

With my sacred power, I am traveling,

Now with long life

Now with everlasting beauty, I live.

I am traveling with my sacred power,

I am traveling.

아름다움을 앞에 두고 나는 여행합니다.

나의 신성한 힘을 가지고 나는 여행합니다.

나는 아름다움을 뒤로하고 나는 여행합니다.

나의 신성한 힘을 가지고 나는 여행합니다.

내 아래에 아름다움을 두고 나는 여행합니다.

나의 신성한 힘을 가지고 나는 여행합니다.

내 위에 아름다움을 두고 나는 여행합니다.

나의 신성한 힘을 가지고 나는 여행합니다.

긴 인생, 영원한 아름다움을 가지고 나는 살아갑니다.

나의 신성한 힘을 가지고 나는 여행합니다.

나는 여행합니다.

– 나바호족의 키나알다 노래 중에서

나바호족 사람들 대부분은 기독교나 카톨릭 종교를 믿는다. 소녀의 부모도 매주

일요일마다 교회에서 만났던 사람들이다. 하지만 이들은 예비체이나 키나알다 등 전통종교 행사 그리고 집안에 아픈 사람들이 있을 때 샤먼을 불러 치유의 의식을 치르는 등 나바호 전통종교와의 관계를 생활 속에서 이어나가고 있다. 재미있는 사실은 부족민들 사이에서도 많은 사람들이 이러한 전통 샤머니즘이 현대생활에서 미개하다는 인식을 갖고 있지만 부족 사회 내에서 전통종교로서 중요하게 여기며 해마다 마을이나 부족 전체 큰 전통 의식에 많은 부족민이 참석해서 오랜 시간동안 경건히 의식을 행하는 것을 종종 볼 수 있다는 것이다.

실제로 마을사람들과 샤먼들을 인터뷰해 보니 아직까지 부족 사람들 중 상당수가 예전부터 행해오던 고유의 의식을 통해 정신적으로 큰 위안을 얻고 살아가며, 불안감의 해소와 갖가지 고민을 씻어내기 위한 정화작용으로서의 종교적 체험을 부족 전통의식에 의지하고 있었다. 현대사회 속에서도 이들은 대대로 내려온 전통종교의 종교적 체험이 여전히 중요하다고 느끼고 전통종교와 외부 종교가 혼재되어 있는 생활을 영위하고 있었다.

나바호 샤먼인 검은말 미첼의 호간에서 병자를 치유하는 장면을 두 시간 정도 참관한 적이 있는데 의식을 행하는 모든 순간들이 우리의 굿판과 많이 비슷했다. 특히 환자와 계속 노래와 찬트를 주고받는 장면은 지금도 귀에 생생하다. 전통적으로 샤먼으로 살아갈 사람들은 교육을 시키지 않았다. 학교에 가지 않고 산속에 살면서 좀 더 예지능력을 키우는 수업을 받았지만 검은말 미첼은 많이 달랐다. 정규교육도 다 받았고 부족 고등학교에서 부족언어를 가르치는 선생님이었다. 그리고 의식 때 그리는 모래그림도 현대미술의 한 상징처럼 여느 나바호 샤먼들이 그리는 전통 모래그림과는 매우 달랐다.

"시대가 바뀌었고, 샤먼의 역할이 치유와 중개라면 예전과 똑같이 느끼고 표현하기보다는 그 시대에 맞춰 달리 느끼고 표현할 수도 있는 것 아닌가요?"
라고 그는 말했다. 이들은 지역 부족민들과 인간적인 관계를 친밀히 가지며 중요한 지역사회의 일원으로 자리하고 있었다.

나바호
보호구역이
윈도록

Part 3

제4세계의 시련

: 대평원을 달려 언덕으로

제4세계는 사실 모든 인류가 본래 속했던 세계다. 어떤 곳에서는 현대 문명을 앞장서서 이끌며 다른 세계를 지배하는 제1세계로 진화했고, 어떤 곳에서는 감히 그와 맞서 다른 세상을 꿈꾸는 제2세계, 또 어떤 곳에서는 제1세계의 수탈과 억압을 벗어나 독자적인 발전을 추구하는 제3세계로 나아갔다. 그러나 미 대륙의 원주민들은 그 어떤 세계에도 끼지 못하고 앉은 자리에서 소멸을 강요당했다. 라틴아메리카에서는 에스파냐와 포르투갈의 탐험가들이 들고 온 총과 포탄 앞에 마야 문명과 잉카 문명이 잿더미로 사라져 버렸고, 미국과 캐나다에서는 또 다른 선량한 삶을 살던 주민들이 신천지를 찾아온 제1세계의 낙오자들에게 인간 사냥을 당하며 대륙 안으로 쫓기고 또 쫓겨 들어갔다. 이제 북미 원주민들은, 그들의 조상이 지나온 삶을 되새기며 대평원의 들판을 말을 타고 달리는 행사를 해마다 열고 있다. 전통의 회복과 역사 교육, 치유를 위한 여행인 동시에 땅을 지키기 위해 희생한 조상들을 기리는 제의 여행이기도 하다.

나는 한 마리 늑대라네

나는 한 마리 외로운 늑대라네,
세상의 거의 모든 곳을 방황하며 여행하는.
허, 허, 허!
대체 무엇이 문제냐고?
나의 친구여, 나는 힘든 시기를 겪고 있다네.
이런 것 저런 것을 나는 그대에게 이야기해주고,
그대도 아마 나처럼 이래야 할 것일세.
그 무엇을 원하던, 나는 항상 그것을 얻도록 되어 있네.
나의 이름이 그러한 것처럼,
그대의 이름도 어느날 위대해질 것일세.
크허엉! 크허엉!

– 테톤 수우족의 시 (앉은소 추장의 노래)
  (앉은소는 이 노래를 한 늑대에게서 배웠다고 하며, 그 늑대는 마지막에
   자신의 구슬픈 울부짖음 소리(크허엉)로 이 노래를 마쳤다고 한다.)

추장 기념 말타기

서울에서 출발한 비행기는 샌프란시스코, 덴버공항에서 두 번 갈아타고 노스다코타의 비스마르크 공항에 내렸다.

"차가운물속을걷다 Walks in Cold Water!"

멀리서 내 이름을 부르는 소리가 들려왔다. 론이었다. 그는 내가 원주민 말타기를 할 때마다 항상 직접 동행하며 여러 도움을 준 훙크파파족 친구다. 1년에 한 번씩 만나는데 이번에도 여전히 청재킷에 긴 머리를 하고 나를 반갑게 맞아주었다.

엷은 흰머리와 구릿빛 얼굴색으로 남성미를 물씬 풍기는 론은 외모만큼 멋진 일을 한 사람이다. 론이 의장으로 있을 때 보호구역 내 공동체의 학교이름을 모두 '앉은소 Sitting bull'로 고쳤다. 앉은소는 라코타 수우족의 지파인 훙크파파족의 대추장이었다. 원

추장 기념 말타기가 펼쳐질
사우스다코타 · 노스다코타주와
검은언덕

몬태나주　노스다코타주

검은언덕 ● 사우스다코타주

와이오밍주

미국

주민 공동체의 교육에서 중요한 정체성 교육을 위해서였다. 다른 보호구역에서도 연이어 그곳 공동체의 지도자 이름으로 학교이름을 고쳤다. 론은 부족의 모든 말타기 행사에 직접 동행했으며 연설할 때와 전체 그룹을 이끌 때 그의 인품과 연설은 무척 감동적인 데다 사람을 끄는 힘이 있었다. 당당하게 주장하는 바를 모든 이들 앞에서 힘 있는 어조로 말하고 때로는 웃음을 주는 대단한 연설가였다.

다시 만난 반가운 얼굴들

공항을 벗어나니 5월의 초원이 바다처럼 펼쳐진다. 오후에 한차례 비가 온 뒤 바람이 불어와서 아주 시원한 풍광이다. 조금 쌀쌀한 바람이 불고 빗방울이 날리고 있다. 우선 론의 집에서 하루를 보낸 뒤 불헤드로 가서 말타기 행렬에 합류할 예정이다. 내가 참가할 추장 기념 말타기는 3년마다 코스를 바꾼다. 매년 5월 말이면 한 주를 정해서 부족의 십대 소년들을 위주로 행사를 진행한다. 선바위 보호구역 내에 있는 앉은

앉은소대학의 알린이 조상의
사진을 들고 묘지에서 의례를
준비하고 있다.

소대학에서 행사를 주관한다. 대학 이사회에서 행사를 지원하며 일부 사람들이 개인적으로도 후원한다. 작지만 행사에 참가하는 해엔 나도 후원에 참여했다. 참가비용이 따로 있지 않고 일주일간 마을 공동체마다 기수들이 지낼 수 있도록 음식과 숙소를 제공한다. 십대들을 위한 정신교육 여행이라고 할 수 있다. 여정을 지나며 들르는 묘지들은 19세기 중반부터 시작된 미국 정부와의 전투에서 땅을 지키기 위해 싸우다 죽어간 수우족 지도자들의 묘소이다. 이들을 기리는 추모 말타기다. 매일 추장들의 묘지 네다섯 기, 전체 스무 기의 묘지를 일주일간 돌아본다. 앉은소 추장의 묘지도 그 중에 있다.

    선바위Standing Rock 보호구역에 들어서자 마음이 차분해지면서 마치 고향에 온 듯했

다. 한 시간 가량 운전해서 보호구역 안으로 들어왔다. 보호구역의 봄은 초록바다다.
바람과 햇살 모두 생명력이 충만했다. 통나무로 지은 집에 도착하니 주변은 한창 조경
공사 중이었다. 미주리강은 저녁 하늘만 남긴 채 서서히 대지 속으로 사라졌다. 겨울
말타기 이야기를 담은 나의 책 『원은 부서지지 않는다』를 론에게 보여주자 그는 천천
히 처음부터 끝까지 넘겨가며 많은 이야기를 함께 했다. 대부분의 부족의장은 정치적
으로 민감한 말타기 행사에 나타나지 않지만 론은 젊은 시절부터 남달랐다. 지금도 매
년 가족과 함께 참여한다. 론은 용기 있고 결단력이 있는 사내다. 부족의장으로서 바
쁜 일정 때문에 첫날엔 말타기에 함께 못가고 중간에 합류하기로 했다. 근처에서 사는
부족민 엘스턴이 나를 데리러 온다고 했다.

오랜만에 엘스턴을 만나 그의 집으로 옮겼다. 그는 그 동안 두 아이의 부모가 되었다. 엘스턴의 집에서 형제들과 사촌들까지 돌아가며 전화로 재회하니 아주 즐거웠다. 몇 해 전 겨울, 처음 이곳으로 말타기를 하러 왔을 때 내가 잘 지낼 수 있게 돌봐 주던 고마운 이들이다. 그때 촬영한 사진들을 보여 주고 가져간 기념사진들을 나누어 주니 더욱 즐거운 표정들이다. 모두들 다음 저녁식사를 함께 하자며 나를 초대해 주었다.

노스다코타는 날씨가 무척이나 변덕스럽다. 여름에는 저녁에 비바람이 심하고 아침이면 맑아진다. 겨울에도 저녁엔 눈보라가 세차게 밀려들고 아침이면 맑게 갠다. 아침에 빗방울과 구름이 덮였다가도 어느새 햇살이 땅을 비춘다. 아침에 마을을 한 바퀴씩 돌아보는데 강아지 예닐곱 마리가 뒤따른다. 여기 보호구역 강아지들은 유난히 개성이 강해 보인다. 갈색 털에 흰무늬가 있는 놈, 여러 색의 털이 섞인 놈, 얼굴이 쭈그러져 보이는 놈까지……. 카메라를 들이대자 멍멍 짓는다.

이 마을에는 스무 채 정도의 주택이 똑같은 모양으로 들어서 있다. 원주민 보호구역 내 원주민들이 사는 주택은 부족 정부에서 개량해 주거나 지어 주지만 이들이 쓰는 전기료나 세금은 주 정부에서 관할하는 은행에 직접 내야 한다. 그런데 원주민 대부분은 직업이 없기 때문에 세금을 제때 내기 어렵다. 식사는 밀가루 반죽해서 팬에 구워낸 부부 빵과 부족 정부에서 나누어 주는 계란가루 스크램블을 자주 먹는다. 비상식량처럼 보이는 계란가루 포장을 보니 달걀이 겨우 몇 퍼센트 가미된 가공식품이다. 이

캠프의 아침

식품도 떨어져 없을 때는 서로 빌려서 먹곤 한다.

그런데 식량이나 주택 문제 말고도 이들을 고통스럽게 하는 것이 있다. 보호구역 내의 집들은 대개 가까운 친척들끼리 모여 살고 있는데, 알코올 중독으로 고통 받는 이가 가족마다 한둘씩 있다. 엘스턴은 아버지와 동생이 아프다. 건장한 몸집을 가진 그의 아버지는 항상 집 옆에 있는 고물차 안에서 잠을 자곤 한다. 왜 집에 안 들어오냐고 물으니 집안은 너무 덥다고 했다. 대개 차 안에서 싸구려 위스키를 마시고 정신을 잃었다가 다시 깨어나는 삶을 반복하고 있다. 이들과 이야기할 때는 얼굴을 바로 쳐다보지 못한다. 대개 원주민들과 처음 인사할 때는 얼굴을 꼭 마주 보고 피하지 않는다. 그러나 술에 중독된 이들의 피폐한 얼굴을 대할 때면 안쓰러워 주변을 두리번거리게 된다. 이곳에 오면 아픈 이의 안부를 묻게 되는데 그 사이에 세상을 떠난 이들도 몇 있단다.

    저녁에 엘스턴과 마을을 둘러보다 마을 체육관에 들러 마을 사람들과 함께 배구를 했다. 엘스턴은 1년 전에는 소방대원, 올해는 마을 체육코치를 맡아서 부족 정부로부터 적은 돈이지만 정기적으로 받아서 생활하고 있다. 마을 체육관에서는 주민들의 건강을 위해 매주 화, 목, 일요일 마을 주민들이 체육활동을 할 수 있게 한다. 마을 주민들의 반응이 아주 좋다고 했다.

    차가운 아침 공기가 몸속으로 스며들었다. 미주리강 근처는 조용하면서 평화롭다. 미주리강은 미시시피강의 최대 지류다. 전체 길이가 거의 4천 킬로미터에 달한다. 로키산맥에서 발원하여 세인트루이스 북쪽에서 미시시피에 합류한다. 예로부터 강은 원주민들의 교통로로 이용되었다. 강수량은 적은 편이다. 1673년 프랑스인들에 의해 발견된 뒤 백인 모피상들의 교역로로 이용되었다. 강 연안을 따라서 그레이트폴스, 비스마르크, 오마하, 캔자스시티가 자리한다. 이른 아침 미주리강은 크고 잔잔했다. 강가까지 걷는 동안 차우가 내 주위를 돌면서 계속 따라왔다. 썰매개 혈통의 시베리안 허스키 종

인 차우는 어찌나 힘이 넘치는지 잡아보려 했으나 실패했다. 강가 산책은 평화롭고 소
소한 재미가 있다. 미주리강 건너편은 보호구역 밖이어서 여기가 천국의 끝이 아닐까
생각이 들 정도다. 한참을 걷다가 서둘러 되돌아와 말타기 준비를 시작했다.

드디어 평원을 향해

아침에 나를 데리러 깁 아저씨가 왔다. 그의 트럭을 타고 일행들이 있는 포큐파인
마을회관으로 향했다. 먼 곳에서 온 여러 사람들이 이미 도착해 있었다. 파인리지에서
온 챠브 선더호크도 만나 무척 반가웠다. 챠브는 조상이 다코타족이라고 했다. 그의

조상인 선더호크 추장도 이번 여정에서 만나게 된다. 수우족의 라코타, 다코타, 나코타 족은 부족 자체가 다른 것이 아니라 가장 가까운 친인척 사이들이라고 이해하면 된다. 그는 제사장이자 치료사다. 챠브는 2005년 겨울, 미래를 향한 말타기에서도 대열의 모든 제사와 노래, 기도를 주관했었다. 이번 행사에는 다섯 명이나 되는 손자들을 데리고 왔다.

말타기를 같이 할 일행들과 반갑게 인사하고 모두 목장으로 가서 출발 준비를 했다. 이 날은 앉은소대학의 알린이 빌려준 말을 타기로 했다. 알린은 대학에서 말과, 말을 기르고 관리하는 프로그램에 관한 강의와 실습을 담당하고 있다. 열 마리나 되는 말을 싣고 와서 원주민 아이들의 말타기를 돕고 있었다. 말타기 출발 전까지 한 시간 가량 여유가 생겨 여느 때와 같이 말에 관한 이야기로 시간을 보냈다. 말의 성격, 다루는 방법, 탈 때 해야 할 일 등 말과 관련된 일만 배워도 족히 1년은 걸린다.

오전 햇살에 빛나는 초원의 풀빛은 마치 바닷물을 보는 착각을 일으켰다. 오전 일정이 시작되자 모두 달려 나갔다. 날씨는 빗방울이 떨어지다가 맑게 개다가 오락가락하는 데다 토네이도 경보까지 떨어졌다. 노스다코타는 겨울이 무척 길고 추운 반면 봄, 가을이 짧다.

오전에 말을 타던 중 잠깐 방심해서 달리던 말에서 풀밭 위로 떨어졌는데 다행히 엉덩이부터 떨어져서 크게 다치지 않았다. 말을 타다 떨어지면 무척 위험하다. 그런데

그 순간 여러 가지를 깨닫게 된다. 왜 말과 교감을 못했을까, 왜 순간 방심했을까 등을 생각하며……. 말을 잘 달래고 말이 불편하지 않게 고삐를 당겨야 하는데 익숙해지기 전까지는 알면서도 서툴다. 지금까지 두 번 떨어졌는데 크게 안 다쳤으니 다행이고 두 번 다 좋은 경험이 되었다. 이제 조금씩 달릴 수 있게 되어 말과 최대한 교감해서 호흡을 맞추고 있다.

꼬박 48킬로미터를 달려서 캐논볼 마을에 도착하니 어느덧 오후 6시가 되었다. 저녁이 되자 마을 원로들이 찾아와 기수들을 위해 덕담을 해주고 자신들의 어린 시절에 대한 이야기도 해주었다. 80대의 한 할머니는 어린 시절을 회상하며, 미국 정부가 원주민의 전통춤을 위험하게 여겨 일체의 춤을 금지시켰는데 이를 어긴 마을 원주민을 본보기로 더 이상 춤을 추지 못하도록 다리 근육을 자른 가슴 아픈 이야기를 들려주었다. 마을 사람들이 준비한 저녁식사를 나누어 먹은 다음 마을 할머니들께 인사드리고 기념사진도 함께 남겼다.

저녁에는 캐논볼에 사는 엘스턴의 동생을 소개 받았다. 몇 년 전 겨울에 땀막에서 남동생을 위해 기도하던 그의 말이 생각나 반갑게 인사하고 가족 안부를 물었다. 엘스턴의 동생은 심한 알코올 중독에서 벗어나 치료 중이었다. 이 말타기 행사 또한 자신

을 치료하고 발견하는 좋은 기회가 될 거라는 생각에 참가한다고 했다. 밤에 비가 계속 내리다가도 아침이 되면 신기하게도 깨끗이 멈추곤 했다.

　캐논볼의 아침은 영상 5도 내외의 아주 쌀쌀한 날씨로 시작되었다. 날이 밝아오다가 이윽고 햇살이 산등성이를 넘어오면 강하고 부드러운 햇살이 따뜻하게 느껴졌다. 왜 원주민들이 태양을 그렇게 깊숙이 느끼고 자신들의 위대한 정령으로 여기는지 알

수 있었다. 아침에 나지막이 흘러나오는 원주민 라디오 방송의 북소리는 햇살이 퍼지
는 풍경과 더불어 오늘도 이렇게 좋은날을 주셔서 고맙다는 표현처럼 들렸다. 아침 햇
살이 밤새 떨던 생명들에게 따뜻한 기운을 북돋아 대지에 생동감이 돌았다. 간밤에 어
찌나 겨울처럼 춥던지 새벽에 말 트레일러에 들어가서도 여전히 추워 아침까지 떨면
서 잠을 잤다. 아침에 일어나 뜨거운 커피를 마시자 몸이 녹으면서 따뜻한 기운이 돌
았다. 커피 서너 잔이 이렇게 좋을 수 없다. 삽으로 땅을 살짝 파낸 뒤 장작을 몇 개
넣고 그 위에 큰 철판을 올리고 끓여낸 커피다.

5월인데 아침부터 머리가 아플 만큼 차가운 날씨다. 말들은 곁에서 풀을 뜯고 있
다. 내가 타는 말 '블루'를 데려다 물을 먹인 뒤 안장을 씌울 곳까지 천천히 걸어갔다.

원주민 친구 커밋이 말안장과 고삐를 빌려주어 날마다 말타기를 진행했다.

여기 아이들은 안장 없이 말을 타고 달리지만 나는 몇 년 전 처음 안장을 얹을 때 말이 움직이고 경계해서 한참동안 안간힘을 써서야 간신히 고정시킬 수 있었다. 이 젠 요령이 생겨 트럭에 리드롭을 매거나 한사람이 리드롭을 잡고 있으면 순식간에 안 장을 씌우고 가죽끈을 배 밑으로 둘러 고정시킨다. 배 밑으로 두른 가죽끈이 너무 헐 거워도 안 되고 너무 조여도 말이 힘들어 한다. 즉 앞의 가죽끈은 단단하게 매고 뒤의 가죽끈은 유격을 두어 고정시킨다. 고삐의 가죽끈은 가끔 연결 부위가 끊어지기도 해 서 비상조치를 해야 할 때는 간단한 지갑용 칼 등이 있어야 임시로 조정해서 다시 고 정시킬 수 있다.

말을 탈 때는 말 등이 워낙 높아 한 번에 올라타기가 쉽지 않다. 보통 말 왼쪽의 발 고정대에 발을 먼저 끼는데 이것을 180도 뒤집어 발을 끼운 뒤에 휘몰아 감듯 올라 타면 한 번에 거뜬히 올라 탈 수 있다. 처음 말을 탈 때는 너무 고삐를 팽팽하게 해서 말이 긴장할 정도였는데 말이 불편하지 않을 정도를 유지하면서 고삐를 잡는 것이 좋 다. 보통 두 손으로 잡기도 하지만 하루 종일 평원을 타고 나아갈 땐 한 손으로 두 방 향의 가죽끈을 잡고 방향을 조정하고 또 반대로 팔을 바꾸어 조정한다. 처음에 고삐를 놓쳐서 낭패를 보았던 적도 있다. 일단 놓치더라도 당황하지 말고 말이 알아차리지 않 게 하는 게 중요하다. 말은 자기 등 위에 있는 사람이 어떤 심리 상태인지 금방 그리

고 정확하게 알아차린다. 사고를 방지하기 위해서 고삐를 둘러서 묶기도 하는데 이렇게 묶는 것보다 한쪽씩 그대로 둘러 교차해서 잡는 것이 여러 가지로 자유롭고 수월하다. 혹 실수로 한쪽 끈을 놓치면 말의 목을 감싸고 자연스레 몸을 낮추어서 놓친 끈을 잡아 올리는 것이 좋다. 몇 년 전 달리던 말에서 한쪽 고삐를 놓치는 바람에 결국 말을 조종하지 못해 떨어진 경험도 있다. 떨어지는 그 짧은 순간이 왜 그렇게 길고 아득하게만 생각되던지…….

발을 고정시키는 등자는 길이가 적당해야 편안한 승마를 할 수 있다. 등자가 너무 길면 달릴 때 중심을 잡기 위해 사용되는 다리 근육에 힘이 많이 들어가고, 너무 짧으면 장거리 여행 때 자세가 불편해서 허벅지가 아프다. 말이 달려 나갈 때 상체에 힘을 주어 몸을 바로 세우고 엉덩이가 안장에 닿을락 말락할 정도의 유격을 가질 수 있을 때 가장 편안하다. 가끔 부츠 뒤에 박차를 달기도 하나 말이 민감히 반응하기도 해서 잘 다룰 수 있는 사람만 사용하는 것이 좋다.

눈물의 길을 달리다

이튿날 동이 틀 무렵 초원 여기저기에 행복하게 잠든 원주민 아이들이 보였다. 그
들 조상들도 평원에서 살았을 때 그랬으리라. 말타기 행사는 이렇게 선조들이 살았던
삶의 방식을 가르친다. 말을 가족처럼 소중히 여기며 말을 탈 때처럼 지혜롭고, 용맹
하며, 정직하게 살아야 된다는……. 매일 매 끼니마다 젊은, 어린 기수들은 감사의 기
도를 올린다.

아침 8시가 되자 캠프는 다 정리되었다. 말타기 둘째 날은 선바위 보호구역에서
가장 큰 마을인 포트 예이츠^{Fort Yates}를 향해 갔다. 아침에 잭의 목장에서 출발을 했는데
그는 아버지가 백인이고 어머니가 라코타족 여인이다. 잭은 이번 여행을 함께하고 있
는데 쉴 때면 안장 위에 올라서서는 멀리 바라보곤 했다. 겉모습으로만 보면 백인 소
년 같다. 또래 소년, 소녀와 잘 어울리고 성격이 좋았다.

이 날 가는 포트 예이츠는 앉은소 추장의 고향이다. 서양문명에 관심을 가지고 영
어도 배웠으나 무엇보다도 부족의 정체성을 중요하게 여겨, 19세기 말 대부분의 추장
들이 강압에 못 이겨 땅을 양도하는 문서에 서명할 때 끝까지 저항하며 서명을 거부했

다. 죽어서도 백인 종교단체의 묘지에 묻히지 않았다. 론은 그의 6대 손자로서 당당한 모습과 지도력을 이어받았다. 그가 왜 대학이름을 할아버지 이름으로 바꾸었는지 알 수 있다. 앉은소 추장의 손녀인 론의 어머니는 평생을 뉴욕에서 살았지만 론은 어디서 살지 망설이다 보호구역에서 지내야 한다는 확신을 가지게 되었다고 한다. 보호구역 이야말로 원주민에 어려 있는 온갖 차별과 불평등을 잊을 수 있는 공간이기 때문이다. 아무리 대학교육을 받고 성실해도 미국사회에서는 아직도 인디언이라는 것만으로 차별받는 경우가 많다. 론은 이런 점을 극복하고 고향의 지역사회를 발전시키고자 하는 야망이 있다. 이것이 그가 공부를 마치고 보호구역으로 돌아온 이유다.

걱정한 날씨는 점점 맑게 빛나고 있었다. 길은 처음에 높고 낮다가 마지막에 이르러 평탄한 길이 되었다. 포트 예이츠 근처에서 예전 원주민 추장과 전사들이 함께 묻힌, 그러나 표시만 되어 있는 어느 이름 모를 공간에 기수들이 모두 들러서 기도를 올

렸다. 대략 여섯 개의 무덤이 근처에 퍼져 있다. 포트 예이츠에서 즐거운 점심시간을
가진 뒤 미주리 강가의 앉은소 기념비까지 말을 달렸다.

아름다운 들판 사이로 이름 모를 들꽃이 아름답게 자리하고 그 사이로 일행이 지나
갔다. 지나가다가 조그만 호수에서 말에게 물을 먹이고 물을 떠서 목과 등, 엉덩이 부
분에 부어주며 털 위로 떨어지는 물을 넓게 퍼뜨려서 더위를 식혀 주었다. 가끔 더위
를 먹고 쓰러지는 말도 있기 때문에 쉴 때도 언제나 말부터 챙겨야 했다. 아니나 다를
까 일행 중 한 마리가 쓰러졌고, 물을 가져와서 말의 등과 얼굴에 충분히 뿌려 몸을 식
힌 후, 입가에 물을 뿌려서 정신이 나게 했다. 약 10분 후에 남자들 10여 명이 모여 말
을 일으켜 세웠다.

달리는 말 위에서 미주리강을 바라보았다. 미주리강은 캐나다의 서스캐처원과 앨
버타주의 일부도 포함되고, 미네소타주 북부에서 발원하여 남하해서 멕시코만으로 흘
러든다. 강의 우측에 미네소타주, 아이오와주, 아칸소주, 루이지애나주가 있고 좌측
에 위스콘신주, 일리노이주, 켄터키주, 테네시주, 미시시피주가 있다. 미국에서 가장
긴 미주리강은 대평원인 프레리를 가로질러 세인트루이스 북쪽에서 미시시피강에 합

류한다. 미주리강은 연안의 뉴올리언스, 멤피스, 세인트루이스와 세인트폴, 미니애폴리스, 신시내티, 피츠버그를 상공업 도시로 발전시켰다. 동쪽으로 일리노이강에서 운하를 이용하여 오대호로 갈 수 있고, 오하이오강을 거슬러 올라가면 이리호에 도달할수 있다.

미시시피강 일대는 비옥한 프레리, 충적저지를 남북으로 종단하므로 밀, 옥수수, 목화, 쌀, 사탕수수 등을 산출하는 미국의 주요 농업지대를 이룬다. 하지만 농업의 근간을 이루는 이 곡창지대에는 강제 이주 원주민의 슬픈 역사가 서려 있다. 1830년대부터 원주민의 합법적 추방이 시작되었고 동부의 큰 부족들이 차례로 뒤를 이었다. 1930년대 체로키족을 포함해서 문명화된 동부의 다섯 부족은 미국 정부의 결정으로 조상 대대로 살던 동부를 떠나 오클라호마로 이주해 가면서 4천 명 이상이 죽었다.

　그 중 촉토족이 이주하던 상황과 관련해서 이름 붙여 이 길을 '눈물의 길'이라고 부른다. 촉토족은 1831년부터 세 차례에 걸쳐 이 길을 통해 강제 이주되었고 출발은 빅스버그와 멤피스에서 집합해서 오클라호마까지 이어졌다. 강제 이주는 다수의 백인 이주민들이 정치적으로 정부를 압력하자 이루어진 정책이다. 이 행로를 가는 동안 홍수와 혹한 속에서 많은 원주민 사망자가 발생했다. 미국대통령 앤드류 잭슨의 결정이었고 이 길에서 살아남은 생존자 중 한 명의 자손이 클린턴 대통령의 외할머니다. 클린턴 대통령은 생물학적으로 7퍼센트 원주민 피가 섞인 원주민 혈통의 백인으로 원주민

복지에 많은 관심이 있었다. 비공식적으로 보호구역에 병원을 세우는 등 많은 일을 했고 임기 말에 운디드니를 찾는 등 원주민을 위로하는 많은 노력을 보였다. 1831년 미시시피강의 멤피스에서 서부로 강제 이주 당하는 원주민들의 행렬을 보았던 토크빌이 떠올랐다.*

오후의 미주리 강가는 아름다웠다. 가다가 방울뱀도 보고 계곡 사이도 통과했다. 이제는 무덤마다에서 울리는 챠브 선더호크의 노랫소리가 시처럼 들렸다. 어떨 때는 북소리와 함께 울리고 어떨 때는 사람들의 노래 뒤로 그가 낭송하는 기도문 소리가 들리는데 그때는 어느 때보다도 마음이 가라앉았다. 챠브의 할아버지인 선더호크 추장도 그렇게 싸우다 죽어간 추장 중 한 명이다. 노래는 수백 가지라 다 언급하기는 힘들지만 대체로 자연을 노래하는 노래가 많다. 이 시들은 자연과 동물과 이들의 기도와 희망을 담고 있다. 미국 원주민 전쟁은 50년 이상을 끌었다. 그만큼 원주민들은 미국 군대에 맞서 오랫동안 투쟁했다. 그것도 다수의 기병대와 맞서 원시적인 무기로…….이전까지는 이런 사실이 있었다는 것만 책에서 보아 알고 있었는데 말타기 행사에 합류해서 직접 이야기를 들어보니 대평원 전역 수십 곳에서 수많은 전투가 있었다고 한다. 이들은 조상들이 어디서 어떻게 싸웠는지 지도에도 정확히 표시하며 연대와 시기, 사망자를 상세히 알고 있었다. 미국 정부가 시간이 가면서 이들과의 싸움에서 이길 수 있었던 것은, 지형지물을 잘 아는 지역 원주민을 용병으로 고용해 길잡이를 시키고 이들의 생계가 되는 들소와 말들을 모두 닥치는 대로 몰살시키면서 원주민 공동체가 점차 힘에 부치게 되었기 때문이다.

---

* '1831년 말 내가 유럽인들이 멤피스라고 이름 지은 미시시피강 좌안에 머물고 있는 동안 촉토족의 수많은 집단이 도착했다. 이 인디언들은 자기네 고향을 떠나서 미시시피강 우안에 살려고 하고 있었는데 그곳에서 그들은 합중국 정부가 그들에게 약속했던 피난처를 찾기를 바랐다. 당시의 겨울은 한겨울이었으며 추위가 극심했다. 땅은 눈으로 얼어서 덮여 있었으며 강물에는 거대한 얼음덩이들이 떠내려가고 있었다. 인디언들은 가족을 모두 데리고 왔다. 그들은 다친 자와 병자, 그리고 갓난아이들과 운명을 바로 앞에 둔 노인들을 데리고 있었다. 그들은 천막도 마차도 없었으며 무기와 식량을 조금 가지고 있을 따름이었다. 나는 그들이 그 거대한 강을 건너기 위해서 물가로 나오는 것을 보았다. 그 엄숙한 광경은 결코 나의 뇌리에서 사라지지 않을 것이다. 모여 있는 군중 속에서는 외침도 흐느낌도 들리지 않았다. 모두가 조용했다. 그들이 겪는 재앙은 그 옛날부터 내려오는 것이었으며 어쩔 수 없는 것이라는 사실을 그들은 알고 있었다. 인디언들은 모두 그들을 건너 줄 배에 올랐지만 개들은 강둑에 남아 있었다. 개들은 주인들이 마침내 뭍을 떠난다는 것을 눈치채자마자, 음산한 울음을 내짖으면서 얼음 같은 물에 뛰어들어 배를 따라 헤엄쳤다.' ─ A. 토크빌 『미국의 민주주의』, 한길사

둘째 날 마지막 구간에서는 마틴이라는 친구의 말을 함께 타고 움직였다. 천천히 걸어갈 때 보이는 푸른 언덕들의 배경이 마음을 즐겁게 동요시켰다. 말타기 여정에 참여한 청년들은 시간이 나면 손북을 들고 노래를 부르는데 소리가 아주 좋았다. 다들 원주민 학교에서 전통 노래와 춤을 배워왔기 때문에 그 모습이 무척 자연스러웠다. 저녁에 도착해서도 아이들은 아직 힘이 남았는지 연신 즐겁게 뛰어다녔다.

꿈과 인생을 나누는 파우와우

셋째 날에는 포트 예이츠에서 케넬Kernel까지 이동한 후 말타기 경주에 참여했다. 경주는 안장에 앉아서 타기와 릴레이, 안장 없이 달리기, 그리고 두 명이 같이 타기 등이 있다. 경주에서는 어린 조랑말을 탄 아이들이 출전한 경기가 많은 환호성을 받았다. 말타기 경주 때는 무섭게 휘몰아치듯이 달리는데 기수들 대부분이 안장 없이 참여했다. 목장을 한 바퀴 도는 경주는 기수들이 코스마다 앞서거니 뒤서거니 하며 질주했다. 언덕 위에서 모든 사람들이 이들을 지켜보는데 무척이나 박진감 있다. 내리막 코스인 마지막에서 순위가 바뀌거나 앞서가는 사람이 말에서 곤두박질하기도 해서 한편으로는 위험해 보이지만 모두가 즐겁게 즐겼다. 나파가 개인전에서 승리했는데 그의 형제들 모두 말을 너무나 잘 탔다. 말들의 날렵한 몸과 기수들의 순발력이 어우러져 가장 좋은 에너지를 분출하고 있었다.

여름 말타기는 이 '추장 기념 말타기'와 6월에 있는 '성난말 기념 말타기' 그리고 몬태나에서 열리는 '리틀빅혼강 말타기'가 있는데 모두 선조들을 추모하는 행사다. 성난말$^{\text{Crazy Horse}}$과 앉은소는 라코타족의 용감한 전사이자 부족민의 친구였다. 원주민 사회에서는 추장이 부족을 대표하고 전쟁을 지휘하지만 일반 생활에서는 부족민과 추장과의 교류가 거의 없다. 전사로 불리는 이들은 여성들과도 일상적으로 말하지 않는다. 위험한 일이나 필요한 일이 생길 때 부족을 대표해 해결하는 사람이 추장이다. 그뿐이다. 추장이기 때문에 이익을 더 갖거나 부를 축적하지 않는다. 추장의 역할은 그런 것이다. 그래서 부족민을 위해서 모든 것을 바친 사람을 기억하는 것이다.

오후에 케넬로 돌아오자 마을 축제와 파우와우^{Powwow}가 열리고 있었다. 파우와우는 이들의 정체성을 나타내는 전통 행사로 대체로 자신을 나타내는 원주민 옷을 입고 나와 북소리, 노래에 맞춰 춤을 춘다. 의상은 대개 화려한 색의 새나 동물을 연상하게

말타기에 참여한
기수들은 들판에서
잠을 잔다.

만든다. 원주민 공동체에서 파우와우는 사람들이 한곳에 모여 자신들의 삶에 대한 이야기를 나누는 일종의 집회다. 옛날에는 남자들끼리는 새로운 사냥법에 대해서 이야기하고 여성들은 삶의 지혜들, 음식 만들기에 대한 다양한 정보를 나누는 자리였으며 부족의 원 안에서는 사람들, 꿈, 치료에 관한 이야기를 나누었다. 이들은 자신의 공동체를 부를 때 항상 원이라는 것을 강조한다. 한 사람의 모든 인생, 시간도 원 속에서 이루어지고 부족의 구성, 마을 배치도 모두 원으로 인식한다. 파우와우에서는 원주민 내의 여러 공동체를 살펴볼 수 있는데 전사들의 모임에서는 용기와 적에 대한 승리를 이야기했고, 아이들은 새로운 게임을 배우고 할아버지, 할머니로부터 내려오는 이야기를 듣기도 했다. 그리고 남녀 배우자를 찾는 자리이기도 했다. 원주민 사회는 부족 내 결혼을 금지했다.

파우와우에서는 '친족 만들기 의식Making of Relatives Ceremony'이 행해져 여러 가족들이 죽은 이를 기념하기도 하고 새로운 가족을 받아들이기도 하는 등 많은 가족의 기념행사가 열렸다. 가족행사에는 가족뿐 아니라 관련된 이들이 예를 표하고 뒤를 따른다. 공동체의 중요한 행사이고 사람들을 따뜻하게 묶어주는 역할을 한다. 인디언 전쟁 말기 백인들은 이런 원주민 문화를 이용해 백인들을 부족가족으로 입양시켰다가 배신해서 몰살시키는 등 다양한 기만술로 원주민 사회를 황폐화시켰다. 그 외에 물물교환과 교역은 모든 모임에서 중요한 부분이다. 영화 〈늑대와 춤을〉에서도 보듯이 모두 기쁘고 공정한 거래는 최고의 경지로 인식된다. 파우와우에서는 또한 가죽과 무기, 식량 등이 거래된다.

원주민 사회에서는 명예가 가장 중요하기 때문에 파우와우에서는 서로의 명예를 건 내기가 벌어진다. 달리기나 말타기 등이 자신들의 가족, 친족의 명예를 걸고 겨루어지고 승리하는 사람도 명예를 가지고 승리를 축하하는 이도 명예를 가진다. 현재는 많은 파우와우 행사가 상금을 걸고 경쟁하는 것으로 바뀌었고, 사람들은 상금이 많은 파우와우를 더 큰 행사로 여긴다. 그러나 보호구역 내의 작은 파우와우에서는 여전히 가족행사 중심으로 진행되고 종종 가족들이 준비한 음식이 제공된다. 배불리 먹고 가족의 우정을 나누고 공동체의 관심을 확인하는 자리이기 때문이다.

파우와우의 밤은 보통 춤을 추며 보낸다. 수십 가지의 춤이 돌아가며 행해지고 수많은 가족 이야기가 알려진다. 결혼과 같은 축하할 일이 생길 때는 만찬을 준비하기도 한다.

케넬마을의
파우와우의 밤

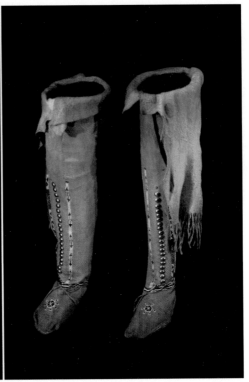

엠제이 불베어를 만난 건 오후 8시경이다. 파인리지 보호구역에서 그의 아버지인 마르셀 불베어의 집에서 지냈던 때가 2004년이다. 겨울과 봄을 파인리지 보호구역에서 보냈다. 사냥도 하고 말도 몰고 파우와우 행사에도 참여하며 지냈다. 평원 원주민 문화를 이해하는 뜻깊은 시간이었다. 춤추는 뒷모습이 낯익어 다가가니 바로 그였다. 그 동안 완블리독수리라는 딸을 하나 더 낳았다는데 스물여섯 살인 그는 이제 네 아이의 아버지다. 원주민 사회는 대부분 십대 후반에 아이를 갖기 시작해 자식을 많이 낳는다. 저녁에 불을 피우고 선더호크 가족과 함께 보냈다. 불가에서 보이는 사람들의 모습은 아주 영적이다. 그들은 타오르는 불을 바라보면서 본인들 내면의 불을 응시한다. 불은 오랫동안 타오르다 이윽고 꺼질 때쯤 날이 밝아오는데 다시 나무만 넣으면 금세 불이 올라오곤 했다. 우리는 풀밭 위에서 늦게까지 이야기하고 노래를 불렀다. 밤새 달빛을 받으며 춤추는 사람들이 동물인지 인간인지 분간이 가지 않았다. 분간하지 않아도 좋을 만큼 마음과 정신이 행복과 여유로움으로 충만한 시간이었다.

나의 말^{word}들은 모두 하나로 묶여 있다

나의 말들은 모두 하나로 묶여 있다.

위대한 산들과 함께,

위대한 바위들과 함께,

위대한 나무들과 함께,

나의 몸과 나의 마음과 하나 되어서.

너희가 모두 나를 돕겠느냐.

너희들의 초자연적인 힘으로,

그리고 너, 날이여,

그리고 너, 밤이여!

너희 모두가 나를 이 세상과 하나로 보도록 하여라!

– 요쿠츠족의 시

천둥의 첫 번째 노래

저 위에

하나의 목소리

천둥의 목소리

검은 구름 안에서

다시 그리고 다시

저 방랑하는 목소리

저 아래

하나의 목소리

귀뚜라미의 목소리

풀 숲 사이에서

다시 그리고 다시

저 방랑하는 목소리

— 나바호족의 밤 기도 노래

그의 말은 천둥이다

'한 인간의 삶은 어린 시절부터 다시 어린 시절까지의 원이다. 그리하여 모든 것 안에 모든 것 안에서 힘은 움직인다.'

– 검은고라니*Black Elk*, 오글라라 라코타

새벽이 되자 케넬마을 인근 기수들의 캠프 주위가 잘 보이지 정도로 안개가 자욱하다. 해가 뜨기 전까지 자욱한 안개가 주변 풍경을 원시적으로 보이게 만든다. 새벽에 이 광경을 볼 때마다 자연의 무한한 야생성에 까닭모를 감동이 느껴진다. 아마 나도 살아 있는 생명체이기 때문에 자연경관의 경이로운 한때에 취해서 그런 것 같다. 조금 걸어 다니니 여기저기 담요를 두른 채 자고 있는 사람들이 보인다. 풀밭 위인데도 아주 편안하게 자고 있다. 간간히 텐트를 치고 자는 이들도 있다. 밤늦게 바람이 무척 세게 불었지만 텐트 안은 아늑해서 편히 잘 수 있다. 다들 전날 피곤했던지 아침 8시가 되어서야 일어났다. 말을 타면 보기와 달리 반응하는 몸의 근육들이 엄청나게 많다. 근육을 움직이는 데 있어 몸의 미세한 부분까지 어떻게 반응하는지를 알고 싶다

미주리강

소년 티씨 힐

달리는영양
추장 묘지.
후손 가족들이
언제나 함께한다.

면 말타기처럼 좋은 것이 없을 듯하다.

오후에 도착한 와카팔라Wakapala 마을은 너무나 아늑하고 좋은 곳이다. 2년 전 만난 소년 티씨T. C. Hill의 집이 있는 곳이다. 그의 아버지 마나자는 불과 몇 년 전 성인이 된 큰아들을 교통사고로 잃었다. 오후에 기수들이 묘지에 들러 기도를 올렸다. 매년 이곳을 들르지만 아버지인 마나자는 한참을 무덤 앞에서 서 있었다. 자식을 가슴에 묻는다는 것이 저런 것일까 하는 생각이 들었다.

같은 묘지에 묻힌 옛 추장 달리는영양Running Antelope의 묘지도 참배했다. 전해 내려오는 이야기에 따르면 달리는영양 추장은 웅변가와 그림 문자 예술가로 유명하지만 대단한 체력의 소유자로도 유명하다. 그는 어린 시절 5시간 동안 지속된 직선 추적에서 다 큰 영양을 쫓아가서 잡았고, 그 후 '달리는영양'이라는 영예로운 이름을 갖게 되었다. 백인들이 아메리카 대륙에 들어온 뒤에 기록된 여러 문헌에도 원주민들이 대단한 신체와 체력의 소유자들이었음을 전하고 있다. 『동물기』의 저자인 시튼의 또다른 책『인디언의 복음』에도 많은 기록이 전해지고 있다.

영혼을 정화하는 불의 힘

추장 기념 말타기는 노스다코타의 선바위 보호구역 일대의 나카^{추장}묘지를 둘러보는 여행이다. 겨울여행인 빅풋 기념 말타기^{미래를 향한 말타기} 이후 론 의장이 만든 말타기 행사로 사우스다코타의 보호구역에 도착하면 일정이 끝난다. 매년 5월 말에 시작되는데 사우스다코타와 노스다코타 전역에 걸쳐 있는 보호구역을 원주민들이 일주일간 말을 타고 둘러본다. 약 300킬로미터에 이르는 거리이다. 매년 중복되지 않게 코스를 조금씩 바꾸어서 진행한다. 이번 일정은 노스다코타의 포큐파인 마을에서 캐논볼 마을, 선바위 보호구역의 중심마을인 포트 예이츠, 미주리 강가, 케넬, 마을축제, 와카팔라, 선더호크 목장, 록크리크의 마을로 이어졌다. 일반 미국 지도에는 보호구역 내의 지명

이 전혀 없어 위치를 확인하기는 쉽지 않다. 3년마다 코스를 반대로 바꾸는데 지난 세 번의 말타기에 참여해 바뀐 코스 모두를 둘러보았다. 노스다코타는 날씨가 극적으로 자주 바뀌어서 기대 밖의 경이롭고 아름다운 자연경관을 만나게 되곤 했다. 온통 검은 구름 사이로 비를 맞으며 한 줄기 빛이 내려오는 평원 속을 일행들과 말을 달리기도 했고 무릎까지 잠기는 강을 건너기도 했다. 산과 계곡을 지나기도 했고 숲속의 구불구불한 길을 말들을 재촉해 뛰어넘어 가기도 했다. 몇 번은 폭우 속을 뚫고 하루 종일 진창길을 지나기도 했다. 말도 힘들고 사람도 힘들었지만 목적지에 도착해 서로 격려하며 즐거운 한때를 보냈다.

말타기 넷째 날, 와카팔라 마을로 가는 길에 미주리강을 지났다. 몬태나에서부터 길게 이어진 이 강은 미국 정부가 여러 번 파기한, 원주민과의 영토조약에서 기준이 되는 강이다. 인간은 자연적으로 욕망과 그 충족을 위해서 살고 있지만 어느 한쪽의 욕망을 위해 다른 사회를 그토록 파괴해야만 했는지, 그것이 본능일까 하는 생각이 든다.

구름이 알맞게 드리워진 강가를 달리는데 내 몸이 이 느낌을 좋아하고 있다는 기분이 들었다. 수십 명의 기수들이 함께 말을 몰고 목적지를 향해 하루 종일 가는 이 여행은 내가 경험한 어떤 여행보다도 충만하고 좋은 기운들에 둘러싸여 있다. 산을 넘고 나서 평원을 가로질러 숲을 지나고 나면 강이 기다린다. 일행들은 그 옛날 그들의 선조들이 생활했던 습관대로 길을 찾고 장애물을 극복한다. 장애물을 만나면 앞서 나간 스카우트와 지도자가 어떻게 지나갈지를 먼저 시도하거나 다른 길을 신속하게 찾아냈다. 산을 넘거나 숲을 지날 때는 길의 폭이 좁아져서 일렬로 통과했다. 말타기 중 쉴 때면 말과 대화하거나 말을 돌보거나 들판에 누워 바람과 하늘과 햇빛을 즐기기도 했다.

아름다운 긴 오후 시간을 가로질러 저녁 무렵에 오늘의 목적지인 와카팔라 마을에 도착했다. 도착하자마자 기도를 하고 마나자와 함께 케빈 로크의 집으로 가서 이니피

Inipi*에 참여했다. 이니피 장소에 도착하니 반가운 이들이 많이 와 있었다. 평원의 이곳저곳에서 말타기를 하다 보니 해를 걸러 여기저기서 다시 만나게 되는 이들이 있다. 반갑게 인사를 나누고 이니피에 참여할 준비를 했다. 어두운 곳에서의 고백과 의식은 몸과 정신을 개운하게 만든다.

모든 의식에 앞서 마음속 정화는 원주민 사회에서는 공통적인 것이다. 원주민 사회에서 불은 지구를 구성하는 네 요소 중 하나로 여겨진다. 동양의 지, 수, 화, 풍과 같은 이 네 가지는 기후를 조정한다. 원주민 세계에서 불은 물질적이기도 하고 또한 정신적인 내면을 자각하는 방편이기도 하다. 이들은 태양과 어머니 지구 중심부의 불,

* 이니피는 전통적인 의식으로, 목적은 몸과 마음 그리고 영혼을 정화하는 것이다. 사람의 몸과 마음에 남아 있는 앙금과 안 좋은 찌꺼기, 몸 안의 녹을 없애기 위함이다. 이것은 수백 년간 원주민 대대로 내려온 전통이다. 이니피는 대체로 원주민 의식이나 제사가 행해지기 전에 모든 참석자들이 몸과 마음 그리고 영혼을 정화하기 위해 행해진다. 의식 장소에 불순한 것들을 가지고 들어가면 의식에 안 좋은 영향을 미친다고 생각했다. 보통은 세이지나 깃털을 이용하지만 서부 해안가에서는 삼목나무(cedar)가 쓰이기도 한다. 정화를 제대로 하지 않으면 의식에 방해가 일어난다고 믿는다. 어떠한 부정적인 마음, 시기심, 질투, 증오, 화가 작용해서는 정화를 할 수 없다고 믿는 것이다. 땀막은 버드나무로 만들어지는데 원형의 구조를 가지고 있다. 버드나무는 잘 휘어지고 부러지지 않는다. 오두막의 문은 보통 동쪽에 만드는데 북쪽으로부터 동쪽으로 여행하는 영혼이 의식에 참여하기 위함이다. 오두막의 문은 대체로 낮고 들어갈 때 두 무릎을 굽히고 몸을 낮추어서 들어간다. 돌은 긴 대지의 기록자로, 고대의 가르침을 전달하고 물을 부어도 식거나 깨지지 않기에 달구어진 돌을 이용했다.

하늘에게서 내려 받는 번개로부터의 불, 돌사람들을 만드는 용암의 불, 나무를 태우
는 불, 그리고 위대한 신비이자 우리 생명의 원천인 우리 안의 불들로 인지된다. 원주
민 샤먼은 불을 통해 대지와의 연결을 시도한다. 영혼이 불의 힘으로 강인해지며 내적
인 부분을 원만하게 만든다고 생각한다. 원주민의 땀막^{sweat lodge} 의식은 불과 돌을 통
해 몸과 마음, 영혼을 정화하는 의식이다. 뜨겁게 달궈진 돌에 뿌려진 물은 증기가 되
고, 이 증기는 사람들의 몸에서 땀을 흘리게 하여 어머니 대지에게로 돌아간다.

　나는 말타기여행을 할 때면 반드시 이니피에 두세 차례 참여한다. 여름에 평원에
서 선댄스를 행할 때도 똑같이 이니피를 행한다. 이니피는 땀막에서 치른다. 땀막은

둥근 입체를 반으로 자른 돔 모양인데, 버드나무 가지를 사용해 만든다. 예전에는 지붕재료로 들소 가죽이 쓰였지만 지금은 장판지 같은 것들이 쓰인다고 한다.

땀막이 있는 장소는 로크의 집 근처에서 한 50미터 떨어져 있는 아주 아늑한 장소였다. 이니피가 시작되자 다들 간단한 속옷과 땀을 닦을 수건만 챙겨서 땀막으로 들어갔다. 의식을 진행할 리더는 파이프에 불을 피워서 기도를 올린 뒤 땀막 지붕의 버펄로 해골 옆에 파이프를 올린다. 파이프를 옮기는 역할은 이니피를 진행하는 리더가 맡는다. 파이프는 원주민 사회에서 평화를 의미한다. 열 명의 사람들이 땀막 안에 자리를 잡았다. 1, 2분간 어둠 속에서 고요한 침묵이 흐른다. 불꽃만 아주 희미하게 보인다. 보통 이니피는 치료주술사나 이런 의식을 진행해 본 경험이 있는 연장자들이 진행하는데 오늘은 케빈이 직접 진행하고 그의 아들이 의식을 도왔다. 마나자와 나, 그리고 엘스턴을 포함한 네 명의 기수와 여섯 명의 마을 사람들이 이니피에 참여했다.

이윽고 땀막 속으로 뜨거운 돌이 십여 차례 들어 왔다. 이후 완전한 암흑으로 바깥과 차단되고 리더는 달궈진 돌 위에 세이지 가루를 뿌리고 기도를 시작했다. 좋은 냄새가 은은히 퍼지며 편안해진다. 가루가 돌에 닿자 작은 불꽃이 인다. 땀이 흐르기 시작하자 리더는 돌에 물을 부어 서서히 열기를 올렸다. 노래가 시작되자 다 같이 따라 불렀다. 정화의식에는 수많은 노래가 동반된다. 노래와 북소리를 통해 영혼은 영적으로 채워진다. 북소리는 사람들의 맥박과 어머니 대지의 맥박이 하나임을 가르친다. 북소리를 들으며 다시 내면의 리듬에 귀를 기울여 자신의 리듬을 찾아 가도록 도와준다. 증기가 피어올랐다. 이니피의 마지막 단계에는 이를 꽉 물고 열기를 참아야 할 만큼 움막 안이 뜨거워졌다. 약 30분쯤 지나자 지미와 마을사람 한 명이 열기를 참지 못하고 "미타큐에 오야신^{우리 모두는 동족이다}"을 외치며 밖으로 빠르게 나갔다.

전체 이니피는 한 시간에서 한 시간 반 정도 진행된다. 오늘날에는 남녀가 같이 이니피에 참여한다. 이니피는 참여자 수에 따라 2, 3차례로 나누어 진행한다. 첫 번째 의식이 끝나고 문을 열어 증기를 내보내니 바깥공기가 폐 속까지 들어왔다. 잠시 뒤에 물을 마시니 혼미해진 정신이 돌아왔다. 2, 3분의 시간이 지나자 새롭게 달궈진 돌이 들어오고 다시 다음 기도와 노래가 이어졌다. 더 강한 증기가 뿜어졌다. 열기를 견디기 위해서이기도 하지만 각자의 기도와 고백에 진실함을 더하기 위해 노래는 더더욱 격렬해지고 외침은 격해졌다. 오늘은 총 네 차례 의식을 치렀다. 각 의식은 비슷하게 진행된다. 기도, 노래, 독백, 바람, 물마시기, 파이프 피우기 등으로 진행되고 마지막에 다시 노래를 불렀다.

이니피가 모두 끝나고 다들 밖으로 나와 파이프*를 피우면서 마무리를 했다. 파이프 피우는 의식은 땀막 안에서도 열리고 밖에서도 열렸다. 파이프 담배는 향이 너무나 깨끗하고 부드러워 2, 3차례 피우면서 얼굴과 몸에 연기를 세수하듯 두르고 파이프를 피운 뒤에 파이프 대를 한차례 원으로 돌린 뒤에 다시 리더에게 주면 리더는 다시 다음 사람에게 주고 파이프에 불을 붙였다.

원주민들에게 파이프는 가장 신성한 의미를 지닌 것을 상징한다. 이것은 수우족 내부의 전설 속에서 흰 버펄로 여인^{Great White Buffalo Calf Woman}이 수우족에게 주었다는 파이프에서 기인한다. 파이프는 기도를 하거나 진리를 말하거나 상처를 치료하거나 깨진 관계를 회복하게 해주는 영적 능력을 가진 물건으로 미국 원주민에게는 신성한 치료제였다. 또한 파이프는 평화를 의미하는데 현대사회에서는 종종 평화를 전쟁이 없는 것이라고 생각하지만 원주민의 사고에서 평화는 그 이상의 무언가를 나타낸다. 평화는 생각하고, 알고, 창조하고, 듣고, 말하고, 살아가는 것을 말하며 모든 순간에서 평화는 존재 자체로부터 나온다. 평화는 인식의 균형, 남성·여성의 존중, 가르침과 배움, 겸손함과 자신감 그리고 삶의 조화에서 나오는 모든 측면을 말한다.

이니피를 함께 했던 로크는 원주민과 백인 혼혈인인데 백인처럼 보인다. 그는 예

---

* 파이프의 사발(bowl)은 모든 살아 있는 것의 여성적인 측면을 대표하는 것이고 줄기(stem)는 모든 삶의 형태의 남성적인 상징이다. 줄기가 사발 안에 놓였을 때, 이 행동은 결합, 창조, 번영을 의미한다. 파이프가 채워졌을 때, 각 소량의 담배들은 친족들의 각 지류들이 존경을 받는 그들의 영혼의 형태로 파이프로 깃들도록 축복받고 피워진다. 파이프를 피우는 동안 사발 안에 채워진 모든 담배를 피우는 것이 가장 중요하다. 각각의 담배 조각들은 그것의 몸 안으로 영혼을 담고 있으며 그 형태 안에서의 모든 친족들의 본질을 가진 것으로 존경받는다. 파이프로부터 나오는 연기는 기도를 가시화하고 모든 사물의 영혼을 사람들에게 남겨준다. 그리고 모든 삶이 위대한 신비로부터 온다고 믿는다. 이를 바탕으로 우리는 신성한 고리 또는 삶의 바퀴와 함께 같은 길을 걷는다는 것을 안다. 사람들은 파이프를 나누어 필 때 우리의 모든 친족과 결합하는 것을 발견한다. 파이프를 필 때 모든 살아 있는 생명체의 본질과 그 영혼들이 사람들의 몸 안으로 들어온다. 그러면서 조화로움이란 존재하는 모든 것들과의 신성한 결합을 통해 얻어진다는 것을 상기하게 된다. 파이프를 통해서 공간과 삶의 경험들을 공유했다. '파이프를 옮기는 자'가 되는 것은 명예이자 소명이다. 파이프를 옮기는 자는 탄생, 죽음, 결혼, 통과의례, 계약 합의, 회의, 특별한 정화 의식, 달 명상, 또는 누군가 안식, 기도, 감사를 위한 소원들이 필요할 때 불릴 수 있다.

술가이고, 작곡도 하며, 노래도 부른다. 그의 아들과 몇 해 전에 빅풋 기념 말타기 때 동행했던 사이라 더더욱 반가웠다. 로크의 노래가 담긴 앨범을 선물로 받았다. 이니피 장소 가까이에 있는 로크의 집에서 저녁식사를 한 뒤 다시 와카팔라로 돌아왔다. 가는 곳마다 모두 환영해주고 가족처럼 대해줬다.

말의 움직임을 온몸으로 느끼며

조용하고 아늑한 와카팔라 마을 뒤로 철길이 보였다. 가끔 보호구역 내 화물을 운 송하는 기차가 있다. 예상하지 못한 곳에 이런 시설들이 있다. 광물을 운송하는 열차 들로 보인다. 미국 정부가 지정한 보호구역은 아주 척박한 곳이 많은데 이런 곳들에 미국 정부가 필요로 하는 수많은 광물자원들이 매장되어 있음이 최근에 밝혀졌다. 몬 태나 보호구역도 최근에 엄청난 양의 지하자원이 발견되었다.

그러나 개발하려는 정부와 개발에 반대하는 원주민들 사이에서 마찰을 보이고 있 다. 전통적으로 원주민들은 대지를 모든 생명을 잉태하는 어머니로 여기며 살아 왔다. 봄에는 대지를 밟는 것도 조심히 여겼다. 어머니가 수많은 생명들을 품고 있다고 생각 했기 때문에 계속 땅속을 파내는 백인들의 행동은 받아들이기 쉽지 않았다. 원주민들 행사에 가면 광산개발을 반대하는 외침을 어디서나 들을 수 있다.

벌써 말타기를 한 지 닷새째가 되었다. 이제는 마을에서 누구든 만나면 인사하고 즐겁게 이야기를 할 정도로 이곳이 익숙해졌다. 아침에는 산책하다가 마을에서 만난 여인과 그녀의 검은 개를 사진에 담았다. 앉은소대학에서 말타기에 관한 강의를 하는 알린으로부터 열 살 된 회색 말 '그레이'를 소개받아 말타기 준비를 했다. 탈 때마다 처음에는 말과 사람 모두 몹시 긴장하지만 서로의 기운과 감정을 나누면서 안정된다. 그레이와 언덕을 몇 번 다녀오면서 서로의 호흡을 맞추었고 이번 여행에서 친해진 클 러런스가 앞에서 같이 동행해 주었다. 아직까지 조금 어려운 것은 점프 때 나의 몸 균 형을 말의 리듬과 맞추는 것이다. 잘 될 때도 있고 잘 되지 않을 때도 있다. 비 온 뒤 라 그런지 땅이 조금 미끄럽기도 하고 군데군데 웅덩이들이 많이 있었다. 날씨는 덥지 않아 말타기에 좋았다. 비가 와 생긴 조그만 웅덩이를 넘어 갈 때마다 아이들이 먼저 넘어가서 내가 잘 뛰어넘는지 지켜보곤 했다. 말이 진창에서 허우적대면서 못 빠져 나

올 때는 섣불리 재촉하면 안 된다. 말을 잘 타는 사람들도 진창에 빠져서 한동안 못나오고 곤란해 할 때가 있다.

오후에는 바람을 타고 즐겁게 일행들과 함께 달렸다. 내가 메고 있는 마미야 카메라는 필름을 넣고 열 장 정도 촬영하면 필름이 끝난다. 좋은 풍경을 만나도 놓치기 일쑤다. 카메라를 메고 탈 때마다 이런 것들이 신경 쓰여 놓고 탔더니 차량으로 따라오는 일행 친구들이 카메라로 촬영해보고 싶다고 해서 사용법을 가르쳐 주었다. 카메라를 주고 찍게 한 뒤 쉴 때마다 내가 필름을 갈아 주었다.

미국 올 때마다 말타기는 내 마음을 몽땅 빼앗을 정도로 강했다. 살아 있는 큰 생명체와 내가 연결되는 기분은 엄청난 흥분과 감동이 같이한다. 말을 타기 시작한 지 3년 정도 되었지만 이제야 말의 움직임이 느껴지기 시작했고 리듬을 탄다는 것이 어떤 것인지 조금 알게 되었다. 안장의 균형이 안 맞거나 부츠를 끼우는 곳의 길이가 맞지 않으면 근육에 무리가 가서 계속 타기 어렵다. 말을 타고 가다가 다친 말을 치료하는 모습도 보고, 안장을 어떻게 채우는지, 고삐를 어떻게 다루어야 하는지 등 말타기 기술을 배우는 데 온통 하루를 보냈다.

이 날 간 길은 차들이 따라올 수 없는 길들이 많아서 서로 자유롭게 말을 탔다. 둔덕으로도 가고 조그만 숲을 가로지르기도 했다. 오후 6시경 모든 일정을 마쳤다. 말을 돌려보내며 아쉬워서 여러 번 얼굴을 쓰다듬어 주었다. 말들마다 좋아하는 것이 다른데 그레이는 사과를 두 개나 먹어치웠다. 하루 종일 말 위에 있다가 내려와 땅 위를 걸으니 걸음이 아주 가벼웠다. 온몸이 뻐근하지만 상체는 날마다 단단해지고 있었다. 저녁 무렵이 되자 다리가 조금 쑤셨다. 그런데 친구들이 다가와 이렇게 말한다.

"No Pain, No Gain"

말타기가 어땠냐는 질문엔 나는 이젠 이렇게 대답한다.

"와슈디 옐로^{아주 좋다}!"

따뜻한 오후, 평원 한가운데 자리 잡은 마을, 리틀이글^{Little Eagle}에 도착해 인근의 선더호크 목장에 캠프를 차렸다.

목장의 아침은 그야말로 춥고 비가 부슬부슬 내리고 있었다. 여기저기 흩어져 있는 텐트에서는 다들 깊은 잠에 빠져 있으리라. 이곳 5월의 비오는 아침 날씨는 상당히 춥다. 아침에 엘스턴과 목장 앞 진창에서 미끄러지는 것을 이용한 곡예운전으로 인근 마을을 다녀왔다. 진창이 된 비포장도로를 달리기에 엘스턴의 차가 너무 낡아서 많이 불안했다. 이러다 미끄러지면 다른 차가 견인하러 오지 않는 한 차를 꺼낼 수 없기 때문이다.

엿새째 말타기는 가장 힘든 여정인 선더호크 목장부터 록크리크까지의 일정이다. 80킬로미터의 산길을 10시간 동안 쉼 없이 가야 한다. 모닥불 가에서 나도 말없이 친구들과 아침을 같이 맞이했다. 언제나 그렇듯이 챠브의 북소리가 사람들을 모으고 오늘 여행을 시작할 마음의 준비를 시켰다. 북은 낮게 목장 주위를 공명하며 말과 사람들 모두에게 몸속의 에너지를 상승시켰다. 북소리는 모두를 연결하면서 모두의 의지를 단단하게 다져주었다. 북은 이렇듯 의식에서 집단의 의지를 한곳으로 모아서 서로의 에너지를 연결해서 보다 큰 에너지를 만든다. 북소리와 기도는 내면의 소리에 귀를 기울이게 하고 사람들은 자신의 내면의 리듬을 느끼고 필요한 에너지를 이끌어낸다.

두 강을 지나고 몇 번의 휴식을 가진 뒤 끝도 없이 넓게 펼쳐진 평원에서 점심식사를 가졌다. 40킬로미터 정도 가서 숲길을 통해 강을 따라가면 록크리크에 도착한다. 내가 탄 블루는 컨디션이 좋은지 제법 속도가 나서 계속 대열의 가장 앞부분, 기수들 옆에서 들판을 앞에 두고 나아갈 수 있었다. 계곡을 건너자 광활한 풍경이 펼쳐졌다.

나의 음악은 하늘에 가 닿는다

나의 음악은

하늘에

가 닿는다.

친절한 노래

저 하늘은

나를 듣는 걸 사랑한다.

저기에 걸쳐 있는 구름

저기에 걸쳐 있는

구름은

나의 말들을 유쾌한 소리로 반복한다.

– 치파와족의 시

무한대로 이어질 것 같은 풍경 속을 달렸다. 하늘, 땅, 인간, 동물의 네 가지만 이곳에 있다. 주술바퀴medicine wheel를 든 맨 앞 일행의 모습이 기묘하게 보였는데 마술 지팡이를 들고 들판을 나아가는 마법사의 모습을 닮았다. 자연을 닮은 이들이 말을 타고 나아가는 모습을 묘사하는 건 내 언어 표현 능력 밖이라는 생각이 들었다. 하늘은 짙푸른 바탕에 구름이 수천 개가 떠 있고, 땅은 밝으나 곳곳이 어두우며, 시냇물은 갈색

빛이고 고인 물은 검붉으며, 사람과 동물은 조화롭게 움직이고 있다.

말타기 도중 선두 그룹에서 땅 위에 떨어진 독수리 깃털을 발견했다. 몇몇이 모여 담뱃가루를 그곳 주위에 뿌리고 간단한 제사를 지내고는 깃털을 회수했다. 원주민 공동체마다 그들만의 독특한 샤먼문화가 숨 쉬고 있다. 남서부의 히스패닉 지역에서는 남서부 인디오 문화와의 독특한 결합으로 보다 다양한 샤먼의 세계를 볼 수 있다.

대열이 걷기 반, 뛰기 반을 반복하며 빠른 걸음으로 나아갔다. 언덕을 질주해 올라가고 나면 대열이 모두 합류할 때까지 잠시 쉬었다. 강을 건널 때면 말들마다 반응이 달라 잠시 속도가 느려졌다. 내가 탄 말은 블루론이라는 종이어서 이름이 블루이고 강을 좋아해서 건널 때 입을 수면에 대고 물도 마시면서 걸어갔다. 가끔씩 쉴 때는 말의 상태와 말발굽을 살폈다. 그리고 말이 쉴 때 한쪽 다리를 약간 들고 있는지 살펴보고 쉬게 할지 교체할지 정했다. 말이 다리에 이상이 있거나 불편하면 뒷다리를 드는 경우가 있다.

평원의 끝에서 말을 재촉해 10여 분간 달려가서 숲길로 들어섰다. 말은 수평인 공간에서는 움직임이 아주 좋지만 경사진 부분은 매우 당황하기 때문에 계곡을 오르거나 내려갈 때는 말을 가장 잘 타는 스카우트가 대부분 앞장서서 길을 안정되게 인도하고 계곡이 가파르면 지그재그 대각선으로 내려간다. 가파르지 않더라도 강물에 들어갈 때는 말들이 주저하는데 그때 당황하지 않게 몰아서 들어가야지 한번 겁을 먹으면 계속해서 안 들어가려고 버틴다. 이 날 하루에만 세 개의 샛강을 건넜는데 처음 샛강의 초입에서 두 명이 말에서 강물로 떨어졌다. 물가에서 뛰어내릴 때 주저하는 말을 억지로 몰다가 말이 기수들을 강에 떨어뜨렸다. 말이 점프할 때나 경사진 곳을 내려갈 때는 몸을 뒤로 젖혀야 하고 오를 때는 말 머리 쪽으로 같이 숙여야 한다. 말은 너무나 섬세해서 자신의 커다란 몸에 있는 모든 근육의 움직임을 읽는다. 장난을 치거나 오른쪽 말 머리쪽에 그림자를 잘못 드리우면 날뛰기도 하므로 쉽게 자극하지 말아야 한다.

들판 곳곳에도 말타기의 장애물이 있다. 땅에 난 구멍도 위험하지만 작은 길에 버려진 철조망도 위험하다. 목장에서 쓰던 것인데 말이 잘못 밟아서 발에 엉키면 말들이 떼어내려고 뛰어오른다. 길을 갈 때 이런 장애물을 발견하면 반드시 서로에게 알린다.

말타기 중 방울뱀을 여러 번 만났다. 그런데 말은 뱀을 만나도 전혀 당황하지 않는다. 땅에서 소리가 나면 뱀이 스스로 경고음을 내는 것이므로 피한다. 사진으로 기록하진 못했으나 내 몸 전체가 사진기가 되어 이 풍광을 온몸으로 담았다.

이윽고 긴 평원이 끝나자 숲길이 나타난다. 좁은 길에서는 특히 나뭇가지와 길가에 있을 장애물들을 잘 살펴야 한다. 마지막 여정인 마을로 들어가는 길은 강가를 따라 들어간다. 강가의 둑길 폭이 약 50센티미터여서 일행들이 200여 미터 길게 늘어져서 한 줄로 나아갔다. 조그마한 원주민 공동묘지를 한 바퀴 돌고 말에서 내려 묘지 안 몇몇 후손들이 기다리는 묘비 앞으로 갔다. 기수들을 위해 후손들이 모두 모여 인사와 환영을 표하고 마을의 현재와 과거에 관한 이야기를 들려줬다. 이곳 추장이었던 '얼굴에 비내리다 Rain in the Face'의 후손들과 인사하자 후손들 중 한 명이 기수들에게 큰 목소리로 말했다.

"여기 바위 샛강은 10년 전 큰 위기를 맞았습니다. 연이어 예닐곱의 젊은이들이 십대의 나이에 자살을 택했습니다. 이들에게는 미래가 암울해 보였고 연이은 친구들의 죽음에 크게 상심했기 때문입니다. 공동체 전체가 어떻게 할 수 없는 큰 불행 속에 있었습니다. 전 하던 공부를 그만두고 대학에서 자살 방지 카운슬링 일을 해야겠다고

결심했습니다."

　백인 사회를 상대로 미래를 설계해야 할 젊은 원주민 세대에게는 교육, 문화 등 여러 방면에서 어느 것 하나 쉬운 것이 없어 보였다. 말타기 행사는 젊은 원주민 세대에게 다시 살아야 할 이유와 정체성을 알려주는 행사다.

　130년 전 몬태나의 빅혼강 일대에서 라코타의 전사들이 미국 기병대와 결전을 벌였다. 미국 내에서는 이 말타기 기간이 미국을 위해 전쟁에서 죽어간 참전 용사들을 기념하는 기간이다. 내가 추장 기념 말타기에 참여한 것도 원주민 전사를 추모하는 행사이기 때문이다. 빅혼 언덕에서 그리고 이곳에서 말타기에 참여할 때마다 원주민들이 사는 현재에 대한 많은 단상들이 떠올랐다. 보호구역에서 일어나는 자살, 가난, 병, 실업의 악순환, 그리고 투쟁들, 역사의 거대한 조류 속에 기록되지 않는 작은 저항들……. 원주민들의 문제도 인간의 힘으로 어쩔 수 없는 거대한 흐름 속에 있고, 그것을 한 번에 바꾼다는 것은 불가능한 일일지 모른다.

　말타기 일주일째, 아침부터 비가 시원하게 내렸다. 원주민들은 소나기만큼 빗방울이 굵은 이 비를 남성 비인 'He Rain'이라고 불렀다. 말타기를 그만 두고 일행을 뒤따라가기로 했다. 모두 비옷을 입었는데도 바지와 신발까지 흠뻑 다 젖었다. 말들도 다 흠뻑 젖었다. 불헤드라고 불리는 록크리크로 가기로 했다. 2년 전 미래를 향한 말타기를 시작했던 곳이다. 챠브의 막내아들인 조셉의 붉은 트럭을 타고 따라갔다.

　챠브는 제사장이어서 수십 가지 다른 노래와 기도문을 읊으며 제의를 주관한다. 챠브는 열한 명의 자식과 서른세 명의 손자를 두었다. 조셉도 20대 중반이지만 벌써 아이가 넷이다. 사회가 문명화될수록 출산율이 낮아진다는데 이들의 대가족을 보면 이들처럼 사는 것이 가장 인간 본성에 충실한 것이 아닐까 하는 생각이 들었다. 이번 말타기에 온 챠브의 손자들 역시 행사를 이끄는 중요한 역할들을 하고 있다. 하루 종일 비가 오는데 겨우 우비를 입고 비를 맞으며 말을 타는 친구들이 몹시 걱정되었다. 하지만 이들은 아무리 비가 쏟아져도 목적지까지 도착하리라.

　오전 반나절이 지나니 어느덧 앉은소의 조카인 한마리황소^{One Bull}의 묘소에 도착했다. 빅혼 전투에 참전했고 라코타족의 마지막 역사를 다 지켜보았던 추장이다. 디 브

한마리황소
묘지 참배

라운의 책 『나를 운디드니에 묻어주오』가 영화로 제작되었는데 영화에 한마리황소가 등장한다. 94세까지 살았던 분으로 남다른 감회가 일었다.

불헤드Bullhead에 도착했다. 앉은소 추장의 마을이다. 저녁에 마을 체육관에 모여 마을에서 특별히 준비한 타니카 스프를 먹었다. 고추장 안 넣은 해장국이라고 보면 된다. 소의 천엽을 잘게 잘라서 끓인 영양스프다. 한국에도 이런 비슷한 음식이 있다고 했더니 신기해 했다. 식사 후 챠브가 나와서 누군가를 위한 행사를 주관했다. 잠깐 듣고 있자니 모두 모인 자리에서 나를 소개했다. 지난 몇 년간 이곳에서 해마다 여름과 겨울에 말타기를 같이하며 이 여행을 경건히 따라온 이방인이라고 했다. 또 엘스턴은 가족들이 모두 나와서 형제나 가족 같은 친구라며 내 이름이 새겨진 큰 담요를 펼쳐 보이고 그간 같이 했던 가족 행사 등을 소개했다. 담요를 나에게 두르자 챠브와 몇몇 기수들이 라이더 송을 불렀고 북소리가 울리면서 많은 원주민 친구들이 차례로 나와 우정을 교환하는 악수를 했다. 나는 이 모든 일이 순식간에 일어났고 친구들에게 큰 환영 선물을 받은 것이 기뻐 어찌할 바를 몰랐다. 즐거운 저녁을 보내고 많은 친구들과 여행을 마치는 제사를 지낸 뒤 헤어졌다. 말타기를 하며 그을린 얼굴은 피부가 벗겨졌다. 거울을 보니 화상 입은 사람의 얼굴 같다. 헤어질 때 론의 부인인 데보라가 메달리온을 선물로 주었다. 메달리온은 원주민들이 파우와우 행사 때나 평상시에 몸에 지니는 원형의 목걸이다. 론과 헤어질 때 이제는 좋은 신뢰의 관계임을 느꼈다.

해마다 선바위 보호구역에서의 말타기는, 힘없는 작은 공동체가 어떻게 다시 살아나고 존재할 수 있는가를 함께 체험하는 좋은 기회다. 론, 그의말은천둥이다His Horse is Thunder는 이곳에서 평생을 함께 하며 그의 공동체를 위해 애쓰고 있다. 북미 곳곳에서 원주민들의 이런 힘겨운 자생의 움직임이 포착되면서 이들은 서로 연결하고 정보를 교환하며 연대하기 시작했다. 이 여행은 조그만 부족의 유희가 아니라 삶을 갈구하는 생명들이 버둥대며 다시 살아나려는 애씀이다. 그리고 그 중심에 한국피가 섞인 그의 말은천둥이다가 있다. 그는 이 조그만 공동체에 불을 붙이고 그 불을 강력히 확산시키고 있다. 그리고 그 불은 이제 꺼지지 않고 보다 힘차게 타오르고 있다. 같은 말을 쓰지 않지만 서로 바라보며 마지막 눈인사를 교환했다. 가장 아름다운 평원에서의 한때는 마무리되고 있었다.

나는 나를 한 마리 늑대로 여겼었다네

한 마리 늑대

나는 나를 그렇게 여겼었다네
그러나
나는 아무것도 먹지 못하였다네
그리하여
이렇게 서있는 것만으로도
나는 더없이 피곤해졌다네

한 마리 늑대

나는 나를 그렇게 여겼었다네
그러나
부엉이들이 야유의 울음소리를 내고
이제
나는 밤이 무섭다네

– 테톤 수우족의 시 (회색매*Gray Hawk* 추장의 노래)

물가로 가는 것에 관하여

이제

그대는 귀 기울여 들으러 왔구나.

키 큰 이여,

그대는 바로 이 자리에 있다.

인간의 후원자여,

그대는 결코 붙든 것을 놓지 않는다.

그대는 결코 그대가 손에 쥔 영혼을 놓지 않는다.

그대는 영혼을 단단히 붙잡았나니.

나는 멀리 떨어지지 않은, 저 큰 폭포로부터 비롯되었나이다.

나는 그대가 있는 곳으로 나의 손을 뻗을 것이나니.

나의 영혼은 그대의 육신 안에서 목욕을 하러 왔노라.

저 하얀 거품은 내 머리에 붙게 될 것이니라.

내가 나의 삶을 계속하다 보면

저 하얀 지팡이는 나의 뻗은 손 안으로 들어올 것이니라.

저 가슴 속의 불길은 나를 위해 계속 탈 것이니라.

영혼은 서서히 일곱 번째 천상의 세계로 높이 올라가노라.

– 체로키족의 구전시

 # 빅혼강으로 가는 길

'네가 만일 너와 함께 한 내 백성 중에서 가난한 자에게 돈을 꾸어 주면 너는 그에게 채권자 같이 대하지 말며 이자를 받지 말 것이다.'

- 출애굽기 22장 25절

'너는 그에게 이자를 취하지 말고… 너는 그에게 이자를 위하여 돈을 빌려주지 말고 이익을 위하여 네 양식을 빌려주지 말라.'

- 레위기 25장 36~37절

매년 6월 말과 7월 초에 몬태나 평원에서 말타기여행을 한다. 이 말타기여행은

1876년 평원 원주민들과 미군의 전투를 기념하기 위한 것이다. 1870년대 검은언덕^{Black}
^{Hills}을 둘러싼 미국 정부의 인디언 정책이 적대적으로 바뀌자 모든 평원 원주민들은 미
군과의 결전을 위해 리틀빅혼강 일대에서 마주섰다. 커스터 대령의 제7기병대가 원주
민을 기습 공격하면서 전투가 시작되었으나 원주민 전사들에게 전원 사망했다. 평원
원주민 연합부대는 용감히 싸웠고 침입자들을 모두 물리쳤다. 이 전투에는 여러 용감
한 전사와 추장들이 있었는데 이들의 업적을 기념하기 위한 말타기여행이다. 샤이엔
보호구역 동쪽인 애쉬랜드 인근 마을에서 출발해 크로우 원주민 보호구역의 리틀빅혼
강까지 150킬로미터를 의례를 치르면서 간다. 샤이엔 원주민 마을과 크로우 원주민
마을을 지나서 리틀빅혼강까지 가는 여정이다. 애쉬랜드, 레임디어, 버스비, 크로에이
전시, 리틀빅혼강까지 이어지는 일주일간의 말타기 여정에는 일곱, 여덟 개의 다른 평
원 부족들이 함께한다. 새로운 친구들이 여러 지역으로부터 오기 때문에 여러 부족깃

몬태나의 하늘

발을 보게 된다. 인근 원주민 마을에 들러서 원주민들과도 어울리면서 전투가 있었던 6
월의 하순을 기념한다. 평원이 가장 아름다운 시기여서 매번 참여할 때마다 가슴이 설
렌다. 여기에도 여러 라코다족 친구들이 멀리서 올 예정이라 반가운 재회가 될 것이다.

　　여행 때마다 짐을 줄인다고 이것저것 빼놓는데도 부피는 줄지 않고 여전하다. 디
지털 카메라와 더불어 오랫동안 사용한 필름 카메라를 항상 가지고 다니기 때문이다.
꼭 필름과 디지털 매체를 구분하는 것은 아니지만 아직은 필름 카메라가 중요한 순간

에 실수 없이 더 정확한 호흡으로 반응한다. 문제는 목적지까지 세 번이나 비행기를 갈아타야 한다는 데 있었다. 결국 미국 세관에서 필름 검사를 받다가 갈아타는 비행기를 놓치기도 했다.

덴버공항으로 가는 도중 내려다보이는 고산 지역은 만년설이 하얗게 덮여 있다. 아마도 눈이 덮인 지역은 대부분 3천 미터가 넘는 고산 지역이다. 나무가 살 수 있는 수목한계선은 기온에 따라 조금씩 다른데 로키산맥의 경우 2천 미터가 기준이 된다. 고산 지역은 침엽수가 주종을 이룬다. 수목한계선 근처의 나무들은 숲을 이루지 못하고 나무들 키도 비교적 작다. 기온이 낮은 캐나다의 북쪽 로키는 수목한계선이 1,500 미터까지 낮아진다.

작년 이맘때도 추장 기념 말타기에 참여한 기억이 난다. 봄이 되면 대평원은 초록 바다가 된다. 햇빛을 받아 반짝이는 녹색 풀이 파도처럼 일렁이며 하얀 궤적을 남긴 다. 가까이에서 보면 반짝이는 풀들이 윤기가 나고 건강한 생명력을 뿜낸다. 하루 종 일 보아도 질리지 않는 바다 같은 초원을 달려 나갔다. 노란 스위트 클로버가 피는 6 월이면 대평원은 노란바다로 바뀐다.

빼앗긴 검은언덕

빌링Billings은 몬태나에서 가장 큰 도시로 인구가 약 8만 명이다. 이곳은 〈흐르는 강 물처럼〉이라는 영화의 배경이 된, 자연이 아름다운 고장이다. 잘 꾸며진 자그마한 도 시 외곽에 옐로스톤강이 흐르고 있다. I-90 고속도로를 따라 하딘Hardin과 다시 크로우 Crow 보호구역으로 들어섰다. 초입에 리틀빅혼 전투 지역 기념공원이 있다. 따뜻한, 약 간 무더운 햇살 아래서 기념비가 보이는 언덕으로 조용히 걸어 올라갔다. 많은 사람이 카메라를 들고 사진을 찍고 있었다. 기념비로부터 반경 5킬로미터 정도가 전투 지역 이었고 비석이 여기저기 흩어져 있었다. 전투 당시 원주민들도 사상자가 많았지만 미

샤이엔 보호구역
마을 입구의 표지판
'안전벨트를 매시오'

국 정부는 전사한 미군을 기리기 위한 기념공원과 국립묘지를 조성해서 미국인의 성
지로 만들었다. 전시관만 돌아보면 미국 정부가 전쟁을 일으킨 것은 어쩔 수 없는 일
이었다는 인상을 받게 된다.

기념공원에서 크로우 원주민 여성 가이드와 이야기를 했다. 그녀에게 사진 찍기를
부탁하자 모자 속에 감추었던 긴 머리카락을 늘어뜨리고 나무 아래에 선다. 원주민 마
을을 다니다 보면 머리카락을 길게 기른 여성들을 많이 만날 수 있다.

크로우 원주민 보호구역을 벗어나 얼마간 가니 샤이엔Cheyenne 보호구역으로 들어
섰다. 이번 말타기는 샤이엔 보호구역의 동쪽 끝에 자리한 애쉬랜드 인근의 카슨 목장
에서 시작된다. 애쉬랜드로 가는 길에 평원이 너무나 푸르러 운전하면서 연신 고개를
좌우로 돌아보게 만들었다.

조그만 마을을 만났는데 마을 이름이 레임디어Lame Deer라고 했다. '걷지 못하는 사
슴'이라는 뜻이다. 이곳을 보니 샤이엔족의 무딘칼Dull Knife 추장이 떠오른다. 레임디어
에는 무딘칼 추장 이름의 원주민 대학이 있다. 무딘칼 추장은 1878년에 69명의 원주
민 전사들을 이끌고 2천 명이나 되는 미국 군인과 싸워 이긴 영웅이다. 대학과 도서관

에 들려 여러 흥미로운 자료들을 찾아보고 오후의 따스한 햇살을 받으며 다시 다음 마을로 차를 몰았다.

    가는 길에 원주민 히치하이커를 차에 태웠는데 술 냄새가 풍긴다. 보호구역에 처음 왔을 때는 상점 앞에 있는 알코올중독 원주민들 때문에 무척 곤혹스러웠다. 히치하이커의 목적지는 내가 가려는 애쉬랜드^{Ashland}였다. 이런저런 이야기를 주고받으며 약한 시간 정도 지나자 애쉬랜드에 도착했다. 마을에 도착해서 그 사람을 내려주고 자그마한 모텔을 찾았다. 마을은 무척 작고 아담했다. 도로는 한창 포장공사 중이었다. 모텔에서 하루를 지내야 해서 들어가 여장을 풀고 보니 음식점이 딱 하나 있었다. 식당에는 도로공사를 하는 노동자 대여섯 명이 모여 식사를 하고 있었다.

카슨 목장은 숙소에서 약 5분 정도의 거리에 위치해서 가까웠다. 내일 저녁에 사람들이 모일 것이라고 했다. 애쉬랜드 마을은 300명 정도가 사는 작은 마을이다. 마을을 한 바퀴 둘러보았다. 학교 근처에는 파우와우를 하는 장소가 있고 텅강^{Tongue River}이 진흙색을 띠며 천천히 흐르고 있었다. 애쉬랜드는 보호구역과 불과 몇 백 미터를 사이에 두고 있다. 해마다 말타기여행이 시작되는 장소와 시기는 조금씩 차이가 있다. 목장에 방문해 인사를 나누고 보니 카슨의 어머니도 샤이엔 원주민이었다.

다음날 일찍 사우스다코타 경계지역의 검은언덕을 방문했다. 검은언덕은 산길과 풍광이 아름다운 곳이었다. 여름에 들러 숲속 오두막에서 지내면서 숲속을 관찰하면 아름다운 숲속 생태계를 볼 수 있을 것 같았다. 검은언덕의 여러 장소를 들려 즐거운 한나절을 보낸 후 다시 돌아와 저녁 때 만날 친구 선물을 챙겨서 카슨 목장으로 향했다. 저녁 6시경 목장으로 가니 사람들이 모여들고 있었다. 목장 입구의 티피^{Tipi*}는 아주 크고 모양도 당당했다. 보통 티피 폴은 열여섯 개 정도인데 이 티피는 세워진 폴이

검은언덕의
금 세일 광고

* 원뿔 모양으로 생긴 북미 원주민 천막

스물네 개나 되었다. 반가운 얼굴들이 많았다. 거의 모든 평원 말타기에 초대되는 챠
브와는 매년 한 번씩 같이 여행을 하는 셈이다. 행사에 관한 이야기를 모두 듣고 나니
11시가 넘었다. 다들 목장에서 하룻밤을 보내고 아침 일찍 출발하기로 했다.

나무들과 흐르는 강물을 위한 노래

어둡고 진하게 저 하늘 아래 멀리까지 펼쳐진 경계선,
우리의 앞에 누워 있구나.

나무들이 보인다, 길게 줄을 서서 이어가는 나무들의 행렬이 보인다.
산들바람을 향해 몸을 굽히고 춤을 추면서.

밝고 환하게 저 눈부신 빛으로 멀리까지 펼쳐진 경계선,
우리의 앞에서 달리고 있구나.
빠르게 달린다, 강물이여, 빠르게도 달린다.
이리저리 꾸불거리며, 이 땅 위를 거침없이 흘러가면서.

– 포니족의 시

목장의 아침은 고요하다. 목장 근처의 텅강 때문에 아침 안개가 자욱이 끼어 마치 솜 밭을 보는 것 같다. 텅강은 와이오밍주 중북부 빅혼산맥 북쪽 능선에서 시작되어 북동쪽으로 흘러 셰리든을 지나 몬태나주로 들어서며 북샤이엔 원주민 보호구역 동쪽 경계선을 형성하고 마일즈시티 근처에서 옐로스톤강과 합류한다. 텅강은 샤이엔 보호 구역을 가로질러 내려가는데 30분만 내려가면 아주 커다란 호수를 이룬다. 아름다운 평원, 130년 전 이곳에는 자기 땅을 지키기 위해 평원의 모든 원주민들이 지금처럼 모여 있었다.

몬태나주에
있는 어느
마을의 벽화

리틀빅혼 전투의 시나리오는 1876년의 100년 전에 유럽에서 시작되었다. 1773년 독일 프랑크푸르트의 시장이었던 바우어는 부자 열두 명을 자신의 금 세공방으로 초청해 세계를 지배하기 위해 돈을 모으자고 설득했다. 그의 계획은 높은 이율로 돈을 빌려주는 것이었다. 당시 고작 서른 살이었던 바우어는 후에 이름을 레드쉴드^{붉은 방패}로 바꾸었는데 그것은 프랑크푸르트의 문장이다. 레드쉴드 시장은 런던, 파리, 암스테르담, 스웨덴, 함부르크에 은행제국을 설립했다. 그 은행들은 그의 다섯 아들 네이단,

리틀빅혼 국립공원
원주민 가이드

제임스, 레오폴드, 알프레드, 리오넬에게 승계되었다. 그 중 두 아들, 파리의 제임스
와 런던의 네이단은 많은 돈을 모을 계획을 세웠다.

　네이단은 워털루 전쟁 당시 은행가들에게 낮은 이자에 채권을 판매하게 하고 자
신의 사람들에게 그것을 구입하도록 하여 이미 굉장히 많은 돈을 벌었다. 싸게 사서
비싸게 파는 것이 그의 좌우명이었다. 이후 생각해낸 것이 미국의 노예제도를 이용
해 내전을 일으키는 것이었다. 네이단과 제임스는 내전의 발판을 만들기 위하여 사람
들을 미국에 보냈다. 1862년 모든 준비가 되었고 전쟁이 시작되면 제임스는 남부, 네
이단은 북부에 높은 이자로 전쟁 자금을 지원하기로 했지만 링컨 대통령의 거래 반대

로 실패했다. 그는 높은 이율 지불을 거부했다. 링컨은 자신의 얼굴이 그려진 '그린백Greenbacks' 달러를 찍어 전쟁 자금을 마련했다. 그린백 달러는 무이자 채권이었다. 링컨에게 전쟁 자금을 제안했던 은행가들은 분개했고 의회에 로비해 1864년의 국립은행법National Banking Act of 1864을 제정하게 했다. 그린백 달러 때문에 링컨이 암살당했다는 소문이 떠돌았다. 은행가들은 채권을 싸게 팔고 저리에 사게 만들어 1873년 금융공황을 일으켰으며 또 미국의 금을 외국으로 빼내기 시작했다. 미국 정부는 통화가치를 높이기 위해 금이 필요했다. 금은 사우스다코타주의 검은언덕에 있었다. 그러나 검은언덕은 수우족의 영토였다. 은행가들은 정부와 만나 검은언덕의 금을 캘 계획을 세웠다. 1874년 커스터 대령은 검은언덕으로 금이 있는지 확인하러 갔다. 미국 정부는 검은언덕을 차지하기 위해 수우족과 전쟁을 해야 할 이유가 필요했다. 그래서 그들은 파우더강 원주민들에게 1876년 1월 31일까지 그들의 보호구역으로 돌아가지 않으면 적대적인 행동으로 간주한다고 발표했다. 정부는 원주민들이 한겨울에 움직이지 않는다는 것을 미리 알고 있었다. 결국 파우더강 원주민들은 적대적으로 간주되었고 전쟁은 시작되었다. 리틀빅혼 전투의 결과는 이 모든 일을 계획한 은행가들을 기뻐 날뛰게 만들었다. 전투의 결과 미군부대가 전멸했기 때문에 공식적으로 원주민들을 이 지역으로부터

캠프의 아침.
버스비

쫓아낼 구실과 여론의 형성, 법적 뒷받침이 마련되었기 때문이다. 그들은 의회가 수족
으로부터 검은언덕을 빼앗도록 로비할 수 있었고, 의회는 1876년 이것을 승인했다. 그
것은 '검은언덕승인'이라 불렸으며 오직 의회만이 동의했다. 승인에 필요한 수우족 원
주민 다수의 동의는 구하지 않았다. 리틀빅혼 전투 이후, 모든 평원 원주민들에 대한
초토화작전이 펼쳐져 말들 모두 사살되었고 대항하는 원주민 부족 또한 몰살되었다.
일부 부족만 캐나다로 도피했고 대부분 보호구역으로 잡혀가거나 성난말과 같은 추장

들은 쫓기다가 붙잡혀 처형되었다. 그 모든 일을 기획한 은행가들은 승리했다.

그 후 1857년, 1873년, 1884년, 1907년, 1929년은 미국에서 경제공황이 일어났다. 이런 국제 금융 재벌들이 일부러 유동성 과잉을 만들고 갑자기 시장에 괴담을 퍼뜨려서 자금을 회수하고 이자를 높여 수많은 사람들의 재산을 앗아간 것이다. 은행가들의 횡포는 그렇게 계속 원주민들과 같은 희생자를 만들어냈다.

아침 햇살이 떠오르자 안개 사이로 눈 비비고 일어난 아이들이 말들을 챙기고 있었다. 자연과 사람들, 이곳은 원시적 생명력으로 모두 살아 움직인다. 돌아다니며 촬영을 하다 보니 풀에 머금은 물기로 바지의 무릎 아래와 신발이 몽땅 젖었다. 해가 뜨자 안개가 물러났다. 사람들은 여기기저기서 말을 움직여 물을 먹이고 목장에서 아침을 준비해서 나누어 먹었다. 말들을 다시 몰아서 안장을 채우고 고삐를 두르는 일을 보는 것도 무척 흥미로웠다. 말과의 아침 만남은 그렇게 시작되었다. 아침을 먹고 아이들은 삼삼오오 말을 타고 즐겁게 돌아다닌다. 해가 완전히 떠오르자 원 모양 대열로 모여 섰고, 챠브가 기도를 주관했다. 대열은 원주민 특유의 고성으로 출발을 알렸다. 기수들은 삼삼오오 무리지어 산과 계곡을 달렸다. 햇살이 무척 뜨거웠다. 먼지가 많이

19세기 후반
대평원의 전투
지역을 설명하고
있다.

일어 목이 좀 답답했다. 가다가 만난 호수에서 말들은 목을 축였다. 들판의 풀들은 생기 있고 거칠게 솟아 있었다.

숲을 지나 조그마한 둔덕에 모두 모여 점심으로 간단한 샌드위치를 먹었다. 식사 때마다 소년이나 지도자가 감사의 기도를 하고 땅을 조금 판 뒤 음식의 일부를 넣고 흙으로 덮는데 이것은 위대한 영에게 감사의 기도와 제물을 바치는 행위다. 원주민은 모든 일에 앞서 '위대한 영'에게 기도를 하고 시작한다. 일반적으로 원주민은 태양을 숭배하는 것으로 알려져 있는데 위대한 영이 창조한 세상의 대표적 상징 중 하나가 태양이기 때문이다. 원주민들은 위대한 영의 존재를 인정하고 아침의 햇볕과 살아 있음 그리고 먹을 음식에 감사한다. 종교를 강요하지 않고 그들 스스로 위대한 영을 예

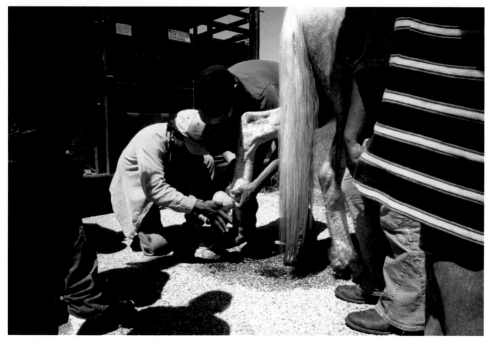
상처난 말을 치료하는 원주민

배하고 찾으려 애쓴다. 오후를 꼬박 달려 레임디어의 파우와우 그라운드에 도착했다. 이 날 합류하기 위해 멀리서 온 수많은 사람들이 티피를 세우고 저마다 자리를 잡았다. 커밋 시니어와도 만나 반갑게 서로의 안부를 물었다. 웬델, 노란황소Yellow Bull의 집에 초대받아 맛있는 수프를 여섯 그릇이나 먹었다. 웬델의 가족 모두 파인리지로부터 왔다. 응급구조 요원으로 참여한 큰아들은 수의학을 공부해서 말에 대해서 아주 자세히 알고 있었다. 내일은 웬델이 가지고 온 말을 타고 참여할 예정이다. 선바위 보호구역의 친구들은 아직 도착하지 않았다. 아마 내일 합류하리라. 원주민들이 워낙 가난해 먼 길을 이동하기가 쉽지 않다. 무엇보다 미국도 기름값이 많이 올라 있었다. 저녁식사 후 저마다 캠프 앞에 불을 피우고 이야기들을 나누었다. 불빛과 해가 넘어간 뒤의 푸른 하늘빛이 조화로운 밤이었다.

하늘과 땅의 결합

다음날 아침, 웬델의 아들과 탈 말을 점검했다. 두 마리 중 나와 눈을 맞춘 갈색 말이 마음에 들었다. 주의사항을 듣고 말을 탄 채 캠프를 몇 바퀴 돌았다. 말에서 내려와 뺨을 쓰다듬으니 눈을 감았다 떴다 하며 좋아한다. 말과 소통할 때 쓰다듬어 주면 아주 좋아한다. 말과 친해지면 고삐의 아주 작은 움직임도 말이 알아채고 반응하게 된다. 천천히 20마일, 약 32킬로미터를 갈 예정이다. 기수들이 레임디어 마을로 들어서자 마을 사람들이 모두 나와 지켜본다. 마을을 지나갈 때 원주민 가족 일가가 길가에 서 있고 가장인 남자가 손북을 두드리며 슬프게 노래했다. 빅혼강으로 가는 일행을 배웅하고 초원에서 싸우다 죽은 선조들을 위로하는 노래다. 말타는 아이들은 저마다 함박웃음을 지으며 즐겁게 앞서거니 뒤서거니 하며 달린다. 저녁까지 달려 언덕을 지나 강을 건너 버스비Busby에 도착했다. 기수들이 마지막에 길게 도열해 달려 올라오는 장면은 아주 장관이었다.

　　밤이 되자 멀리서 연신 마른번개가 하늘과 땅을 이었다. 챠브가 번개를 가리켜 '저 사람들'이라고 했다. 원주민들은 하늘과 땅 사이에 사랑의 관계가 존재하며, 천둥 번

말타기 도중 말에게 물을 먹이고 있다.

개는 하늘과 땅이 결합하는 것이라고 믿는다. 동양사상에도 이런 믿음은 비슷하다. 어머니인 대지와 아버지인 하늘은 사랑을 통해 에너지를 교환하여 매일 하늘에서는 구름이 만들어지며 비는 하늘의 습기를 순환시키고 대지에게 돌려주어 모든 것들에게 에너지를 공급한다. 이런 행위는 때론 부드럽고 때론 격렬하다. 우리가 이에 따라 날씨의 변화를 경험한다. 이런 신비가 만물을 성장시키고 변화시킨다. 이 조화로움이 모든 에너지를 만들고 흐르게 하는 것이다.

　　저녁에 챠브의 캠프에서 바람을 맞으며 조용히 손북 소리와 노래를 들었다. 챠브의 말에는 삶의 연륜과 편안함이 들어 있다. 모닥불 아래에 북이 놓여 있었다. 가죽의 습기가 없어져야 소리가 잘 울리기 때문에 북을 말리고 있었다. 잘못하면 가죽끈이 끊어지기 때문에 적당한 시간에 불가에서 밖으로 옮겨야 한다. 저녁식사를 마친 사람들이 하나둘씩 불가에 둥그렇게 앉아 담소를 나누고 있었다. 이윽고 북이 울리며 챠브의 노래가 이어졌다. 부족 사람들이 모두 모인 자리에서 챠브의 손북 노래가 각자의 가슴 속으로 스며들었다. 북소리를 듣자 사람들의 기운은 하나로 모이기 시작했다. 사람들은 북소리에 자신을 동화시켰다. 낮게 울려 퍼지는 북소리에 챠브의 노랫소리가 더해져 분위기가 고조되었다. 북소리는 치료나 감사 의식, 답을 구하거나 기도할 때 주로

하루 여정이 끝나면 원으로 모여 기도를 올린다.

울려 퍼진다. 여행 중에는 사람들의 마음을 대지와 연결시킨다. 몇 곡이 끝나자 모두들 자리에서 일어나 라운드 댄스를 시작했다. 열기가 고조되자 노래에 맞추어 발을 구르고 몸을 흔들며 큰 원을 만들어 빙빙 돌았다. 대지의 맥박에 맞추어 추는 춤은 축복처럼 느껴졌다.

버스비의 캠프장은 수십 대의 트레일러를 수용하고도 남을 만큼 넓었다. 캠프장 언덕 아래로는 말들이 저마다 나무 밑에서 풀을 뜯고 있었다. 말을 타면서 촬영하다 위험천만한 순간을 맞이하기도 해서 가장 간단한 카메라와 필름만 몸에 지니고 셋째 날의 일정을 시작했다. 크로우 에이전시까지 가게 된다. 이틀간 헐렁한 바지와 안장 사이에 마찰이 일어나 급기야 엉덩이 살갗이 벗겨졌다. 웬델 아들에게 약을 얻어 발랐다. 하지만 말 탈 때마다 전생에 내가 원주민이 아니었을까 하는 생각이 들 정도로 즐겁다. 주술바퀴를 받아 선두 그룹에서 달렸다. 이젠 달릴 때 다리 근육과 등 근육이 같이 힘을 받으면서 달려 나갈 수 있게 되어 편안히 달릴 수 있다. 말들은 들판에 핀 노란 스위트 클로버 냄새를 맡으며 가는데 너무 고개를 내릴 때는 고삐를 당겨 조절해야 한다. 오늘 탄 말은 꽃향기를 좋아해서 오늘 탄 말을 '노란 꽃'이라고 이름 붙였다.

한나절을 달려 크로우 에이전시에 도착했다. 큰 함성을 지르며 마을로 들어갔다. 과거에 크로우 원주민들은 라코타와 적대 관계에 있었고 리틀빅혼 전투 때도 미군부 대에 크로우 원주민 스카우트가 다수 속해 있었다. 크로우 원주민 보호구역 중심부에 서 하루를 마치며 기도를 올렸다.

사흘 말타기 후 쉬는 날, 챠브의 캠프에 지도자들 10여 명이 모여 불 위에 놓인 커 피를 나누어 가며 즐겁게 아침 시간을 보냈다. 이웃 캠프에서는 마을 어른들이 지도를 보여주며 19세기에 있었던 수많은 전투에 대해 이야기해 주었는데, 빅혼 전투가 있기 전 로즈버드에서도 큰 전투가 있었으며, 싸우다 죽은 전사를 추모할 때 말 모양의 막대기를 들고 춤을 추면서 망자의 영혼을 위로한다고 했다. 캠프에서의 설명이 끝난 후 근처 연못에서 아이들, 말과 함께 수영을 했다. 말들이 수영하는 장면은 쉽게 볼 수 없는데 날이 더워서인지 말들도 물속에서 헤엄치는 것을 좋아했다. 말목을 살짝 잡으면 물속에서 부드럽게 나아갈 수 있다.

오후에는 텅강에서 수영을 했다. 물이 조금 차가웠다. 캠프에 돌아오니 모두 '어쿠스틱'을 만들고 있었다. 이것은 내일 빅혼 언덕 위를 달릴 때 사용될 것이다. 먼저 적당한 가지를 골라 자른 후 나무껍질을 모두 벗겨내고 색을 칠한 다음 깃털을 단다. 부족이 전투에 나가기 전 전사들은 얼굴과 몸에 정성껏 화장하고 말들도 자신들의 모습과 비슷하게 꾸민다. '전투화장'은 싸울 때 한 그룹임을 강조하는 동시에 치료와 부적의 의미가 있다. 적이 두려워하도록 무섭게 꾸미고, 말과 주인이 영적으로 이어져 있다고 믿고 있기 때문에 말도 화장을 한다. 몸에 칠하는 화장 물감은 대개 대지로부터 나오지만 점토를 불로 굽고 빻아서 만들기도 한다. 붉은색, 검은색, 노란색, 녹색, 하늘색 등을 주로 사용하는데 푸른색은 하늘, 녹색은 대지를 나타내며, 누군가를 애도하거나 강함을 드러낼 때는 검은색을 사용한다. 천둥 번개의 에너지를 사용할 수 있다는

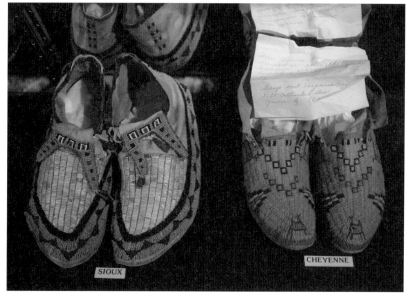

모카신. 부드럽게 만든 동물 가죽으로 만드는데 의례와 장례 때 신는 모카신은 따로 있었다. 모카신 만들기는 여성들이 주로 맡았다. 남성들은 사냥할 때 소리 없이 동물들에게 접근할 수 있고, 추운 겨울날 발을 보호할 수 있었다.

뜻으로 번개 문양을 그리는 등 자신의 특성을 표현하기 위해 창조적으로 꾸민다. 치료
와 보호를 위한 화장법, 인간 최초의 자기표현이라고 할 수 있을 것이다.

저녁에는 지도자들이 내일 빅혼 언덕을 어떻게 점령할 것인지에 대해 상의했다.
챠브가 나를 가리키며 "차가운물속을걷는다는 우리 가족이므로 행사를 기록해도 좋다."
라고 모두의 앞에서 이야기했고, 부족민 누구도 이의를 제기하지 않았다. 마른번개가
먼 하늘에서 계속 빛나고 있었다. 불가에서 북을 말린 후 북소리에 맞추어 그라운드
댄스를 추었다. 달밤에 불을 중심으로 30여 분 동안 춤을 추었다. 내일 언덕 위에서
보일 승리의 춤으로 이어 갔다. 밤은 그렇게 깊어 갔다.

유령춤 Ghost dance song

달빛은 저 얼마나 밝은가
달빛은 저 얼마나 밝은가
버펄로 고기를 한가득 싣고 내 달리고 있을 때

나의 아버지는 나를 알아보시지 못하였네.
나를 다음번에 보았을 때 그는 이렇게 말했다네,
너는 *까마귀의 아이다.*

나는 나의 아버지를 바라보고 있다.

나는 그를 바라보고 있다.

그는 한 마리 새로 변하기 시작했다.

한 마리 새로 변하기 시작했다.
그들은 말한다
영들의 군대가 다가온다
영들의 군대가 다가온다
이 세상 전체가 전진하고 있다
이 세상 전체가 전진하고 있다
보아라, 모두가 서서 지켜보고 있다
모두가 서서 지켜보고 있다

– *아라파호족의 노래*

나의 자식들이여, 나의 자식들이여,
아침별은 왕관처럼 나의 머리 위에서 빛나고 있노라.

– 아라파호족의 노래 「유령춤」

작은 버펄로 뿔

작은버펄로뿔Little Buffalo Horn은 내가 머물던 라코타 원주민 마을에서 친하게 지내던 한 원주민 아이의 이름이다. 이 아이는 유난히 궁금증이 많았는데, 나는 이 아이에게 돈이라는 걸 설명하기 위해 몇몇 우화 같은 이야기를 해준 적이 있다. 그때의 내용을 기억해 적는다. 이곳에서 불린 나의 이름은 첫 번째 원주민 이름인 '차가운물속을걷다'와 말을 잘 타게 되면서 일컬어진 두 번째 이름 '천둥말'이다.

작은버펄로뿔: (멀리서 뛰어온 듯 숨찬 목소리로) 아저씨, 천둥말 아저씨. 이야기 하나 해 주세요! 저는 페일페이스Pale-face*들의 이야기를 듣고 싶어요.

천둥말: (드림캐처**를 만들던 일을 잠깐 멈추고 고개를 든다) 그래, 어떤 이야기가 듣고 싶니?

* 아메리카 인디언이 백인을 부르는 속어다.
** 깃털이나 구슬로 장식한 작은 고리로 몸에 지니면 좋은 꿈을 꾸게 해준다고 전해진다.

작은버펄로뿔: (똘망똘망한 눈빛으로 바라보며) 저는 초록색 종이 이야기가 듣고 싶어
요. 어떻게 사람들이 초록색 종이에 미치게 되었는지 얘기해 주세요.

천둥말: (아이를 무릎에 앉히며 이야기를 시작한다) 먼 옛날 백인들만 사는 한 왕국이 있
었단다. 그곳은 평화로운 왕국이었고, 모든 사람들은 직접 농사를 지어 수확
하거나 필요한 물건을 만들어 썼었지. 만들 수 없는 물건이 필요하면 서로
교환했단다. 예를 들어, 오리를 가지고 있는 사람이 감자가 필요하면, 감자
를 가진 사람한테 가서 감자와 오리를 교환했지.

작은버펄로뿔: 맞아요, 맞아요. 하지만 오리와 감자를 바꾸면, 감자를 가진 사람이
감자를 엄청 많이 주었겠는데요?

천둥말: (아이의 머리를 쓰다듬으며 귀엽게 쳐다본다) 하지만 그 해에 흉작이 들었다면 감자가 귀할 수도 있었겠지. 안 그러니?

작은버펄로뿔: 에이, 그래도 오리와 바꾸려면 감자를 엄청 많이 가지고 와야죠! 나 같으면 오리와 감자는 바꾸지 않을 거예요. 오리는 새 끼를 낳을 수 있지만, 감자는 못 그러니까요!

천둥말: (너그럽게) 그래, 네 말도 일리는 있다. 네 말대로 감자를 엄청 많이 가져오려 면 무겁기도 하고, 항상 바꿔야 할 물건들을 가지고 다니기는 무척 불편했단 다. 그래서 어느 머리 좋은 상인이 아이디어를 냈지.

작은버펄로뿔: (호들갑스럽게) 그 상인은 금세공 상인이었죠? 금을 엄청 많이 가지고 있는… 그렇죠? 내 말이 맞죠?

천둥말: (아이의 등을 두드려주며) 그래, 그는 금을 잘 다루었기 때문에, 금으로 컵, 접 시, 장신구 등을 손쉽게 잘 만들었지. 어느 날 그는 금을 물물교환 대신 교 환의 수단으로 사용하면 어떨까 하는 생각을 하게 되었단다. 그래서 그는 왕 에게 가서 자신의 계획을 말하고 도와달라고 말했단다.

작은버펄로뿔: (상인의 목소리와 동작을 흉내내며) 폐하! 물건과 물건을 바꾸는 대신에 금과 물건을 바꾸는 것이 좋겠사옵니다.

천둥말: (왕의 목소리를 흉내내며) 짐은 그 생각이 마음에 드는구나. 금과 물건을 바꿀 수 있으면 훨씬 편리하겠군. 한번 추진해 보도록 하게나.

샤이엔 보호구역

작은버펄로뿔: (상인의 목소리를 흉내내며) 망극하옵니다, 전하!

천둥말: (잠시 웃고, 이야기를 계속한다) 그렇게 해서 금이 물물 교환의 수단이 되었는
데, 어떤 사람들은 금을 아주 많이 가지고 있었고, 누군가 그걸 훔쳐갈까 봐
겁도 많이 났지. 또 욕심이 많아서 그걸로 사고 싶은 게 많았는데 항상 금을
가지고 다니기가 너무 무거웠던 거야.

작은버펄로뿔: (또 아는 척을 하며) 그래서 사람들은 그 금을 세공인이 만든 철로 된 상자에 보관해 달라고 부탁하게 되죠? 그렇죠?

천둥말: (끄덕이며) 우리 작은버펄로뿔, 잘도 아는구나? 그런데 다 아는데 얘기를 계속할 필요가 있을까?

작은버펄로뿔: 아니에요, 아니에요. 그래도 계속 이야기해주세요.

천둥말: 응, 하여간 금을 들고 다니기 귀찮아진 사람들은 그 금을 모두 누군가에게 맡겨놓고 다니게 되었고, 대신에 그걸 맡아준 사람은 금이 그곳에 잘 있다는

라코타족 데릴이 빅혼강 전투 지역을 가리키고 있다.

'증서'를 종이에 써서 그들에게 주게 되었지. 하지만 누가 그 종이를 베끼면 안 되니까 모두가 인정하기로 한 특별한 초록색 종이에 써서 그걸 교환 수단 으로 사용했단다. 그런데 어떤 사람들은 점점 욕심이 많아져서 그 초록색 종 이를 엄청나게 많이 모으기 시작했지. 다른 사람들에게 빌려주고 '이자'라는 것도 받고 말이지.

작은버펄로뿔: (이마를 찌푸리며) 백인들은 정말 이상해요. 그 종이로는 아무것도 못 하지만 금으로는 멋진 걸 만들 수도 있으니까 금이 더 좋은 건데… 그리고 금보다도 먹을 수 있거나 기를 수 있는 물건이 더 좋은 거 아니에요?

천둥말: (작은버펄로뿔이 귀여워 그의 머리를 흐트린다) 그렇게 볼 수도 있겠지? 하지만

몬태나의 쿠드니족
보호구역

사람의 욕심이란 끝이 없으니까. 만약 바꿀 수 있다면 넌 뭘 갖고 싶니?

작은버펄로뿔: (환하게 웃으며) 나는 말이 제일 좋아요! 멋지게 달릴 수 있는 힘찬 말!

천둥말: (같이 웃으며) 그래, 이해한다. 너처럼 생각한 사람들이 옛날에도 참 많이 있었지. 그래서 예전에 아메리카 인디언들은 물물교환에 말을 많이 이용했단다. 1876년쯤에는 그들이 이곳 인근에서 가지고 있던 조랑말만 2만 2천 필이 넘었지.

작은버펄로뿔: (놀라며) 정말요? 정말 그렇게 많이 있었어요?

천둥말: (끄덕이며) 그럼.

작은버펄로뿔: 그럼 그 말들은 다 어떻게 되었어요? 지금은 다 어디 갔어요?

천둥말: (약간 침울한 표정으로) 슬프게도, 그 말들은 미군과 원주민들 사이의 전투가 끝나고 나서 미군이 모두 압수해 갔단다. 아메리칸 원주민들의 땅과 함께 모두 말이다.

작은버펄로뿔: (못 믿는 표정으로) 우리 땅을 가져간 건 알아요. 하지만 그렇게 많은 말까지 가져간 줄은 몰랐어요. 그 많은 말들을 왜 다 가져갔나요? 백인들은 말을 잘 탈 줄도 모르던데…

천둥말: (계속해서 우울한 표정으로) 사실 백인들이 원했던 건 땅도 말도 아니었단다. 평원 원주민 조상들이 살던 저 넓고 성스러운 검은 언덕 땅속에 있는 금이었지. 그들은 그 땅과 땅 속 금, 말을 가져가서 항상 금이나 초록색 종이와 바꿨지. 그들이 욕심을 냈던 건 다 초록색 종이, 그리고 그 초록색 종이를 더 찍어낼 수 있게 해주는 금이었어.

작은버펄로뿔: (같이 우울해진다) 그래도 말이 훨씬 좋은데… 왜 그걸 몰랐죠?

천둥말: (한숨을 쉬며) 그들도 그것을 알았으면 좋았을 것 같구나. 하지만 그들 눈에는 금 밖에 보이지 않았던 게지. 나도 그것이 아쉽구나.

리틀빅혼 전투 지역

작은버펄로뿔: (팔을 잡아끌며) 아저씨. 처음 들었을 때는 이 이야기가 우스꽝스럽다
　　　　고 생각했었는데, 다시 들으니까 너무 우울해요. 우리 이야기는 그만하고,
　　　　어서 같이 말이나 타러 가요. 말을 타고 초원을 달려요.
천둥말: (같이 일어나며) 그래, 그러자꾸나. 말을 타고 바람을 가르는 자유를 같이 느
　　　　껴보자꾸나.

"군인들이 온다!"

어스름한 하늘 아래 나지막한 소리가 들렸다. 모두 일찍 일어나 준비를 시작했다.
어쿠스틱을 완성하고, 얼굴과 몸을 치장하고, 말들도 화려하게 꾸몄다. 말의 머리와
등에는 천둥의 무늬와 손바닥 모양이 그려져 있었다. 1876년 리틀빅혼강 일대에는 헤
아릴 수 없을 만큼 많은 티피들이 자리잡고 있었고, 검은언덕 주변의 평원 원주민들이
똘똘 뭉쳐 땅을 빼앗으려는 미국 정부와 대치했었다.

리틀빅혼 전투는 교환 매개 수단 때문에 일어난 전쟁이다. 미국 경제가 지금과 같
은 상황에 처하게 된 것은 '연방준비제도' 때문이다. 원주민들의 과거 역사, 현재 상황

몬태나의
원주민 대학에서
강의하는 데보라

과 미국 경제를 움직이는 연방준비제도에 관해 알게 되면 리틀빅혼 전투에 관한 궁금
증이 해소된다. 민간 은행 연합이 통제를 하는 연방준비제도는 미 재무부에서 찍어내
는 화폐를 액면가에 상관없이 한 장당 2센트에 구입한 뒤, 이 돈을 대출해 주고 이자
를 부과한다. 연방준비제도가 미국의 경제를 통제하고 있다. 미국 정부가 국방, 공무
원 급료, 주에 대한 연방 보조금, 빈곤 구제 프로그램 등의 정부 지출을 위해 5억 달러

정도의 지출 예산을 잡았다고 가정하면, 미 정부는 이 금액을 세금 및 자산을 통해 생긴 수입에서 차감한다. 가령 정부의 수입이 3억 달러면 2억 달러의 적자가 생기게 되는 것이다. 미국 정부는 연방준비제도에 적자를 메우기 위해 2억 달러가 필요하다고 말한다. 연방준비제도는 화폐를 찍는 대가로 이자가 발생하는 채권을 발행해 달라고 요구한다. 그리고 나서 의회가 재무부 국채발행을 승인하면 연방준비제도는 정부에게 화폐 발행 비용을 지불한다. 정부 채권은 추가 대출을 위한 신용 발생에 필요한 준비금이 된다.

캠프의 밤.
노래와 북소리가
울려퍼진다.

　　보호구역에 살고 있는 원주민의 70%가 실업자이며 대부분 빈곤 상태에 놓여 있다. 미국 정부는 이 문제를 해결하기 위해 보호구역에 복지기금을 보내고 보호구역은 복지기금에 의존하게 된다. 은행들은 담보 없이 대출을 해주려 하지 않는데 보호구역의 토지는 미국 정부에서 신탁 형태로 관리하고 있기 때문에 결국 보호구역의 원주민들은 빈곤과 복지 원조라는 악순환에 놓이게 된다. 일부 부족 자문회에서 부족이 소유한 토지를 담보로 해서 은행으로부터 대출을 받을 수 있기도 하지만 극히 일부일 뿐이다. 1913년 12월 23일 미 의회가 연방준비법령을 통과시켰을 때 의회 의원들은 중

앙은행이나 중앙은행의 독점적 운영에 대해 무지했다. 연방준비법령에 찬성표를 던진 의원 중 다수는 속임수에 넘어갔고, 일부는 뇌물을 받았으며, 일부는 협박에 시달렸다. 연방준비법령 서문에는 '해당 법령은 유연한 통화 발행을 위한 연방준비제도 설립에 필요한 기반을 제공하게 되며 이를 통해 기업 어음 재할인 수단을 마련하여 미국 내 은행 업무를 더욱 효과적으로 감독하고 다른 목적도 달성하게 될 것이다.'라고 서술되어 있다. 여기서 구체적으로 밝히지 않은 '다른 목적'들은 국제적 음모자들에게 미국 국민들의 돈과 신용에 대한 독점권을 주기 위한 것이었다. 예를 들어 연방준비제도의 미수금 처리 대행 기관인 미 국세청이 미국 근로자들을 좌지우지할 수 있도록 해서 새로운 중앙은행을 통해 1차 세계대전에 자금을 조달한다든가, 독점자들이 경쟁자의 자산을 압수하고 파산을 유도한다든가 하는 목적이 있었던 것이다. 연방준비제도를 지배하는 사람들은 국제주의자들로 민족, 종교, 국가 등에 전혀 얽매이지 않는 사람들이다. 이들은 연방준비제도 은행의 주식을 소유한 자들이다. 연방준비법령은 증권거래소에서 연방준비제도 주식을 매매하는 것을 금지하고 있어 일반인은 살 수 없으며 재벌들의 상속을 통해서만 통용이 가능하다. 연방준비제도 은행 주식 소유자 중 절반은 미국인이 아니다.

진정한 라코타가 되는 길

　미국의 현재와 힘겨운 원주민의 삶이 평원 위에 교차된다. 리틀빅혼강 말타기의 마지막 날 아침, 밤새도록 으르렁대던 하늘은 언제 그랬냐는 듯 개었다. 빅혼강 일대에 샤이엔과 아라파호, 그리고 리틀빅혼 전투 때 가장 많은 전사들을 내보낸 부족인

라코타 원주민들이 모였다.

　빅혼 언덕에 도착하기 약 8킬로미터 전에 모두 원을 만들고 빅혼강 언덕으로 가는 여정의 의미를 되새겼다. 빅혼강 언덕으로 기수들이 오르자 각자 네 방향으로 나뉘어 달려 오를 준비를 했다. 이윽고 기수들이 말을 달려 회오리치듯 언덕을 휘감자 멀리서 지켜보는 부족민은 북을 치며 노래를 시작했다. 100여 명의 기수가 함성을 지르고 깃발을 날리면서 언덕을 장악했다. 미국 정부에서도 해마다 군인과 원주민으로 분장한 기수들을 동원해서 비슷한 행사를 하고 수많은 관광객이 몰려들어 그 광경을 지켜본다.

정신없이 말을 모는 기수들 사이로 성스러운 사람 챠브가 말에서 떨어졌다. 챠브가 탄 말이 다른 말에 놀라 머리를 들자 순간적으로 균형을 잃은 것이다. 멀리서 촬영하다 말고 놀라서 달려갔다. 풀이 별로 없는 곳에 엉덩이를 세게 부딪치는 바람에 여러 명이 부축해야 걸을 수 있었다. 그 사이 기수들은 횡대로 서서 고성을 지르며 달려와서는 철조망 앞에 말을 세우고 언덕 위로 움직여 이 날을 기념하면서 춤을 추기 시작했다. 사람들의 움직임이 점점 빨라지면서 격렬해졌다. 부족 대표들이 차례로 연설하고 모두 모여 기도를 했다

오후에 캠프로 돌아오니 일행 대부분이 떠나고 몇몇은 하루를 더 보내기로 했다. 카일에서 온 데릴이 빅혼 언덕을 둘러보자고 해서 8킬로미터나 되는 언덕을 돌아보

빅혼 언덕으로
올라갈 준비를 마친
소년 기수가 손에
어쿠스틱을 들고 있다.

앉다. 퇴역 군인인 데릴이 안내하는 대로 레노 대위의 전투지, 커스터 기병대 전투지, 커스터 대령이 최후를 맞이한 장소도 돌아보았다.*

　마른번개를 뒤로하고 캠프로 돌아오자 갑자기 엄청난 폭풍우가 몰아치기 시작했다. 저녁식사 중이던 원주민들은 혼비백산해 나무 밑이나 트레일러로 몸을 피했다. 폭풍우가 잦아들자 다시 나와 차를 끓이며 캠프를 수습했다. 의자들은 몇 십 미터씩 날아가 여기저기 떨어졌고, 텐트는 두 개가 뽑혀 날아갔다. 자동차 상판도 울퉁불퉁해졌다. 이런 폭풍으로 가끔 집들도 부서진다고 했다. 얼마 뒤에 다시 비가 내려 차 안으

＊이 전투로 인해 모든 원주민이 땅을 잃게 된 결정적 계기가 되었고 피하기 힘든 필연적인 전투였다.

로 들어가 잠을 청했다. 다음 날 아침, 아무 일도 없었다는 듯 하늘은 맑았다. 모든 것이 젖었기 때문에 가스버너를 이용해 아침을 준비했다. 지난 일주일간의 말타기가 마무리되고 있었다. 돌아가는 길, 전날 낮에 빅혼 언덕에서 있었던 론의 인상적인 연설이 차창 밖의 풍경과 교차되었다.

"모든 친족들이여, 내 이름은 '그의말은천둥이다'입니다. 나는 수우족 선바위 보호구역의 의장입니다. 그러나 나는 보통 사람입니다. 나는 여러분 앞에 겸허히 서서 여러분들을 진심으로 환영합니다. 아울러 먼 길을 달려온 여러분들께 감사의 말을 전합니다. 오는 동안 더위에 힘들었을 겁니다. 내가 여러분들 옆에서 에어컨을 틀고 따라갔기에 얼마나 무더웠는지 압니다. 말타기에 참여한 여러분들은 정말 대단해 보였습니다. 먼 길을 말타고 오는 것이 어떤 것인지 저는 잘 알고 있습니다. 나도 여러분들처럼 말타기에 참여해 여러 곳을 다녔습니다. 운디드니, 여기 빅혼 언덕, 그리고 다른 곳들도……. 그것이 얼마나 힘든 것인지 잘 알고 있습니다. 여러분들이 잘 하려고 한다는 것을 알고 마음을 다해 여러분들의 친족, 조상들을 위해서 말타기에 동참한 것을 압니다. 오늘 우리는 우리 친족들을 기리기 위해 여기에 왔습니다.

여기에 묻힌 우리 선조들은 우리가 여기에 존재할 수 있도록 싸웠습니다. 우리는 여기서 죽지 않았습니다. 우리는 계속해서 존재하고 있습니다. 내가 우리말을 서툴게 하더라도 우리말을 잘하는 나의 친족들은 용서하길 바랍니다. 나는 여기서 싸우다 죽어간 우리 친족들을 기리고 그들의 업적을 기리기 위해서 우리말을 배우려고 노력하고 있습니다. 그들은 정말 열심히 싸웠습니다. 다음세대에게 우리문화를 가르치기 위

승리의 춤

해서, 우리가 모두 사라지더라도 다음세대들은 계속 살아남아야 합니다. 살아남기 위해서 우리는 우리말을 반드시 알아야 합니다. 왜냐하면 우리의 언어 없이는 우리는 완전한 라코타가 아니기 때문입니다. 말을 모르면 오직 라코타의 일부분만으로 존재할수밖에 없습니다. 피는 순혈일지라도 우리말을 모른다면 그들은 진정으로 라코타가 되는 것에 대해 반밖에 모르는 것입니다. 나도 반밖에 알지 못합니다. 나는 말을 배워 나머지 반을 알려고 하고 있습니다. 그래야만 내가 진정으로 다코타, 라코타, 나코타가 되는 것이 무엇인지를 이해할 수 있기 때문입니다.

나의 친족들이여, 저 언덕을 걸어 보세요. 거기는 여기서 싸운 이들을 위한 기념비가 있습니다. 그리고 그곳에 날리는 깃발을 볼 수 있습니다. 그 깃발은 우리의 깃발이 아닙니다. 우리 부족의 깃발이 아닙니다. 작년에 나는 여기에 왔습니다. 그들이 내 할아버지의 유골을 파내려고 했기 때문입니다. 나는 그것에 몹시 화가 났고 아직도 그

사이엔 보호구역의 부족 축제

론. 그의말은천둥이다

렇습니다. 그들은 우리가 여기에 들어오는 것조차 허용하지 않았습니다. 그들은 우리가 하려는 것들을 제지합니다. 그리고 못하게 합니다. 뭐든지 못하게 합니다. 생명, 종족의 존속, 말타기까지⋯⋯. 나는 여기 모인 여러 친족들이 무엇을 가슴에 가지고 돌아갈지 알고 있습니다. 이 여행은 우리 부족이 살아 있음을 알리는 것이고 우리의 용맹스러웠던 과거를 후손들이 알게 하는 것입니다."

전쟁의 노래

전쟁의 새들이여, 나의 목소리를 들으라!
내 그대들에게 배불리 먹고 즐길 수 있는 잔치를 베풀어주겠노라.
그대들이 적들의 대열을 헤치고 넘어가는 것을 보았노라.
바로 그대들처럼 나도 곧 갈 터이니.
그대들의 날개들이 가지고 있는 신속함을 소망하노라.
그대들의 갈고리 발톱이 가지고 있는 격렬함을 소망하노라.
나의 친구들을 불러 모아,
그대들의 비행을 나는 따르리니.
여어, 그대 젊은 남자 전사들이여,
그대들의 노여움을 전투의 장소에 가서 풀어 놓으라!

전쟁의 새들이여, 저 남쪽으로부터 오지 않았는가.
귀 기울여 들으라, 통과하는 저 비명 소리를.
가장 사나운 자의 육신을 나는 소망하노라.
가장 신속하고, 가장 무자비하고, 가장 강력한.
나는 전투의 기회를 위해서 나의 육신을 내던지노라.
행복할 것이다, 저 곳에 편히 누울 수 있다면,
전투가 일어났던 저 곳,
적들의 대열을 깨부순 그 뒤에서.

피범벅이 되었던 나의 가슴을 여기 보라!
보라! 보라! 나의 전쟁의 상처들을!
그대 산맥이여!
나를 바라보고 나의 고함소리에 떨어라!
나는 그저 삶을 위하여 찌르노라!

– 치파와족의 시

Part 4

제4세계의 과제

지난 8년간 원주민 공동체를 여행하며 수많은 사건 사고를 보았다. 현대 문명사회에서 전통을 이어가기 위해, 아직 동등한 대우를 받지 못하는 권리를 찾기 위해 그들의 고단한 삶은 아직 현재 진행형이다. 현재 많은 원주민 보호구역은 우라늄을 비롯한 광물자원개발 문제가 복합적으로 얽혀 있다. 원주민의 현재와 환경을 살펴보면 그들이 어떻게 미래를 준비하는지 엿볼 수 있다. 그들은 고유의 말을 가르치고, 자연을 이해했던 옛 선조들의 삶의 방식을 가르치고 있다.

만약 우주가 불완전한 상태라면 부분도 전체 못지않게
중요한 의미를 갖는다.

– 조르주 바타이유

원은 끝없이 이어진다

북서태평양의 아침 바다와 대평원에서의 새벽을 나는 기억한다. 그 고요한 풍경은 내가 사는 지구의 영원한 경이로움을 일깨운다. 매년 북미 원주민들과의 만남과 여행은 지구에 살고 있는 인간의 역할은 과연 무엇일까 하는 질문을 생각나게 한다. 지구상에 존재하는 원주민의 삶은 인간과 자연과의 관계를 이해하는 가장 좋은 예다. 역사 속에서 인간은 긴 시간 동안 지구와 친밀한 관계를 이루었고 지구의 생태계를 이해하는 공동체였다.

그런데 근래에 이르러 산업문명으로 인한 지구 착취가 가속화되면서 지구의 문제를 걱정하고 해결하려는 노력들도 점차 많아지고 있다. 그것은 지구의 미래를 생각하

선댄스 의례

는 인류공동체의 목소리다. 지구의 미래는 인류공동체의 미래이기도 하다. 문명이 지구를 착취한다는 것은 인간이 지구를 착취하고 있다는 뜻이란 걸 깨달아야 한다. 이제 인류는 지구와의 소통을 다시 시작해야 한다. 북미 원주민을 포함한 전 세계 원주민은 공통적으로 자연과의 교류와 소통을 생활화하고 있다. 잠시 단절된 시간 속에서도 이들의 후손들은 그들만의 전통을 살리기 위해 노력하고 있다. 이들의 전통은 자연의 순환과 계절의 변화에 맞추어 이루어지고 있다.

　매년 여름 라코타 수우족이 행하는 선댄스는 계절의 순환에 감사하고 인간과 우주가 하나로 결합되는 가장 대표적 의식이다. 선댄스 의례 장소에 세워지는 중앙의 기둥은 우주와 인간 세계를 잇는 기둥이다. 원주민의 의식은 자연과의 조화, 그 속으로 참여하는 기능이 있다. 지구의 모든 생명들이 삶과 죽음을 통해 영원히 이어지듯 계절의 영원한 순환을 경배하고 축제를 준비한다. 추수감사절의 의례와 나바호족 예비체이의 찬트웨이즈, 그리고 정화의식을 통해 삶의 길을 구도하는 의식 등은 인간이 지구의 중요한 일부임을 표현하는 의식들이다. 원주민의 의식들은 지구의 생태계와 인간이 다시 신뢰를 회복할 수 있는 좋은 예다. 인간의 문명이 더 이상 지구를 파괴하지 않고 지구 생태계와의 조화를 이루는 새로운 시작점이 될 수 있다.

나는 10월 초, 몬태나주를 가로지르고 있었다. 이곳에 오면 검은언덕을 어느 곳에 서건 바라보게 된다. 서남부 지역의 가을의례를 둘러보고 겨울로 접어드는 검은언덕을 보기 위해 하루를 꼬박 운전해서 도착했다. 이곳은 10월부터 초겨울로 접어든다.

검은언덕 파우와우

1년 간 살았던 몇 년 전엔 이곳의 11월이 가장 추웠던 기억이 있다. 평원에서 눈폭풍을 맞아본 사람들은 금세 공포에 떤다. 일반 승용차로는 눈폭풍을 이기고 계속 가기가 불안하다. 사우스다코타주 경계선이 가까워지자 멀리 검은언덕이 보이기 시작한다. 아름다운 나무와 산, 그리고 동물들, 산의 정령이 살아 숨 쉬는 곳, 그곳은 평원 원주민의 진정한 고향이다.

몬태나주와 사우스다코타주 경계에서 바라본 검은언덕

우라늄 광산
반대운동

태양을 바라본다. 달을 바라본다.

호수를 바라본다. 위대한 생명의 정령들을 바라본다.

바람을 바라본다. 구름을 바라본다.

　　눈을 맞은 실반 호수^{Silvan Lake}에서 만물의 정령들과 교감을 나눈다. 대지의 맥박이 살아서 들려온다. 그 사이로 사람들이 움직인다. 10월이 시작된 지 이제 닷새, 함박눈이 내리는 이곳은 검은언덕이다. 중부 대평원, 그 중에서도 이곳 대평원 지대는 '미국의 사막^{American Desert}'으로 불리는 곳이다. 그 한가운데 자리한 검은언덕은 중북부 지역의 대평원에서 유일하게 오아시스 같은 땅이다. 산과 나무, 물과 온천이 있는 이곳은 평원 원주민의 겨울 숙영지이자 휴식과 요양을 하는 곳으로 원주민들이 예로부터 성스럽게 여기는 장소다.

　　지금은 평화로워 보이지만 그 무엇보다 슬픈 역사를 묻어 두고 있는 곳이 원주민의 땅이다. 1851년 미국 정부와 평원 원주민들은 중부 대평원을 지나서 서부를 향하는 사람들의 안전을 보장하기 위해 1차 포트라라미 조약을 체결했다. 이후 이해관계의 대립으로 크고 작은 전투를 치른 미국 정부와 평원 원주민들은 1868년 2차 포트라라미 조약^{Second Fort Lalami Treaty}을 체결했다. 지역과 한계 그리고 조건 등을 상세하게 정해 서로 합의한 이 조약은 사우스다코타의 절반, 네브라스카의 서북쪽, 와이오밍 동쪽, 몬태나, 노스다코타를 원주민의 땅으로 정해 '위대한 수 부족^{Great Sioux Nation}'이라고 명기했으며, 보장을 위한 장치로 개정하려면 원주민 성인 남자 3분의 2의 동의가 있어야 한다는 조항을 적어 넣었다.

그러나 1872년 백인들과 미국 정부는 조약을 무시하고 다시 침범해 왔다. 많은 채무를 지고 있던 미국 정부가 검은언덕의 금을 노린 것이다. 이익을 위해 스스로 만들고 정하고 약속한 모든 것을 순식간에 뒤집어 버리는 나라, 미국의 근현대 역사다.

그뿐만이 아니다. 백인들은 원주민들로부터 땅을 빼앗거나 그들을 정복하기 위해 온갖 방법을 동원했다. 검은언덕과 주변 몬태나주의 원주민 부족들은 19세기에 백인들이 일부러 퍼뜨린 세균으로 전 부족민이 죽어갔다. 몬태나의 쿠드니족은 19세기에 만 명이 넘는 큰 부족이었지만 세균에 의한 죽음으로 현재는 400명만 생존해 캐나다와 미국 북부에 뿔뿔이 흩어져 살고 있다. 원주민들과 이야기하다 보면 그들의 선조들이, 백인들이 퍼뜨린 여러 전염병과 그들로부터 받은 세균 담요 등으로 인해 거의 몰살했던 옛 이야기를 심심치 않게 듣게 된다. 19세기 미국 북부의 여러 평원 부족들도 각종 전염병으로 사라져 갔다. 하지만 역사 속 정복자들의 이런 만행들은 후대에 잘 알려져 있지 않다.

미국은 자국 내에서 핵실험을 종종 행하는 나라다. 지금 검은언덕은 지난 100년간의 화두였던 금을 뒤로하고 우라늄이 새롭게 화두가 되고 있다.* 미국 내 핵폭탄의 제조에 필요한 우라늄을 발견하기 위한 시도로 지난 40년간 서남부처럼 여러 곳이 파헤쳐졌다. 이런 곳이 약 4천 곳이나 된다. 바로 검은언덕 근처다. 현재 보호구역 인근 핫스프링에 있는 우라늄 정제소 건설 문제 또한 군사적 요청으로 인해서 생긴 문제다.

---

* '1945년 5월과 7월에 2차 세계대전을 마무리하기 위한 원자탄 발사의 마지막 단계는 인적이 드물고 도시와 멀리 떨어진 서부 유타 지방의 웬도버 공군기지에서 행해졌다. 전에 연구하고 제조된 폭탄구성물들이 조합되고 결합되어 히로시마와 나가사키 원폭투하를 위해 고공 실험되었던 곳이 바로 이곳이다. 대부분의 군사, 정부 고위관리들은 w-47 잔재로 분류된 세부사항들과 그 프로젝트의 존재 자체를 부인했다. 2차 세계대전 후 냉전이 시작되자 미·소의 핵폭탄 개발 경쟁은 보다 심화되었고 서둘러 개발과 실험이 진행되었다. 미국은 자국 내 네바다, 유타 등의 서남부 지대에서 실험을 진행했다. 1953년 3월 24일에 불로크(Bulloch) 형제가 2천 마리의 양떼를 이끌고 샌드스프링밸리(Sand Spring Valley)를 횡단하고 있었다. 그때 그들은 더러운 원자탄 실험의 엄청난 방사선 낙진에 노출되었다. 일주일 만에 암양들이 기형양을 낳기 시작했고, 다 자란 양들의 몸에 화농, 상처와 발이 딱딱해져서 대규모로 죽어갔다. 말들과 소들도 2도 화상으로 죽어갔다. 마지막 통계상으로 4,390마리의 동물들이 죽은 것으로 밝혀졌다. 정부 전문가들에 의한 첫 번째 연구결과, 방사선이 그 원인으로 밝혀졌다. 그러나 원자력 위원회는 잠재적인 경제적, 정치적 가능성을 인식하여 모든 보고서와 발견 자료들을 즉각적으로 분리 보관하고 국민들에게는 건조한 날씨와 영양실조가 그 원인이라고 알렸다. 오늘날에도 죽은 동물들의 구덩이가 서부 전역에서 발견되었으며 그것들은 급사한 가축들을 묻도록 지역에서 쓰레기 매립장 같은 기능을 하고 있다. 그 가축들의 죽음의 원인들은 아직 알려져 있지 않다.'
— 「폭력적인 유산」, 리차드 미즈락 사진집, 1997, APERTURE

뉴멕시코의
나바호
보호구역

검은언덕을 둘러싼 문제는 이뿐만이 아니라 영토 문제 등이 얽혀 아주 복잡한 양상이다. 지금 미국은 연방 정부보다 주 정부의 정책 결정이 더 강해지고 있는 추세여서 주마다 경제적 이득을 위해서 계속해서 원주민 지역과 많은 갈등이 표면화되고 있는 실정이다. 미국 대법원이 검은언덕의 반환 결정 이후 의회에서 반환문제를 거절하자 부족 의회는 이 문제를 유엔으로 가져갔고 지금도 많은 회의와 검증 과정을 거치고 있다.

백인들이 몰려온다는 것은 원주민들이 쫓겨난다, 원주민이 멸망한다는 뜻과 상통한다. 미국인이 자랑스러워하는 프런티어정신frontierism 또는 개척자정신pioneerism 같은 말은 원주민과 이야기할 때 조심스럽게 사용해야 한다. 백인에게 좋은 것은 원주민에게 재앙이었다. 그들을 피해 척박한 보호구역에서 살았기 때문에 원주민들의 생존이 가능했으리라는 생각이 든다. 금광이 아니었어도 검은언덕은 결국 백인이 차지했을 것이다. '백인은 인류의 암 덩어리다'라는 수잔 손탁의 말을 떠올리지 않아도 백인이 만든 피의 역사는 아메리카 대륙 수천 곳에 얼룩져 있다.

최근에는 과거 보호구역 여기저기서 일어났던 숨겨진 사건들이 외부로 많이 알려지고 있다. 그리고 검은언덕 인근의 평원 원주민은 언덕 근처의 환경 문제, 우라늄 개발에 정면으로 반대하고 일어났다. 이들은 소식지를 만들고 모임을 가지며 적극적으

선바위고등학교 밴드의 뉴욕 공연, 스미소니언 박물관

로 대처하고 있다. 그들이 백악관으로 보낸 편지에는 물을 지키려는 절박한 마음이 드러나 있다.

친애하는 오바마 대통령께,

지난 유럽 여행에서 당신은 핵무기 없는 세상을 맞이할 시기가 왔다고 말했습니다. 1960년대 후반에서 1970년대 초반에 걸쳐 대평원의 윗부분에 천 개 이상의 노천 우라늄 광산이 버려졌다는 사실을 아십니까? 가장 작은 광산의 넓이가 1제곱마일^{약 2.59} _{제곱킬로미터} 정도입니다.

바람이 대륙의 동부와 남부로 방사능 먼지를 옮기고 있습니다. 비와 눈이 계곡과 강으로 방사능 물질을 옮겨 미주리강과 미시시피강으로 보내고 있습니다. 이것은 지난 40년 간 지속된 일입니다. 대부분의 우라늄 광산은 와이오밍주와 사우스다코타에 있고 몬태나와 노스다코타에도 있습니다. 이곳들에는 우라늄 광산 탐지를 위한 우라늄 탐사우물도 만 개가량 있는데 이 우물들을 막아 놓지 않아 지하수가 우라늄과 방사능으로 오염되고 있습니다. 이 지역 목장주와 농장주들은 이 물에 의존하고 있습니다. 오염된 축산물과 농산물이 세계 곳곳으로 퍼지고 있습니다.

오바마 대통령님! 대책을 세워 주십시오. 하루속히 버려진 광산을 처리해서 땅이 복

구되고 우라늄 탐사우물을 밀폐하여 지하수와 지표수를 안심하고 마실 수 있도록 해
주십시오. 다시 마시기에 안전할 때까지 더 이상의 우라늄 채굴을 정지시켜 주세요.
감사합니다.

지구인이 새로운 별의 광산 자원을 얻기 위해 외계인을 무력으로 정복하는 영화 〈아
바타〉의 내용은, 불과 150년 전 아메리카 대륙 곳곳에서 벌어진 역사적 사건과 거의
흡사하다. 인간이 이성적으로 판단하지 못할 때 비극이 벌어지는 것이다. 영화는 행복
한 결말을 보이지만 역사는 비극으로 남았다. 미국에는 수백 개의 원주민 부족이 남아
있다.

평원 원주민 부족 중 가장 큰 부족연합을 일컫는 수우족^{Sioux}은 다코타, 나코타, 라
코타 부족으로 이루어졌다. 수우족이라는 이름은 이들과 영토문제로 크고 작은 전투

를 벌인 동쪽의 오지브와족이 나두수^{Nadouessioux; Little Snake}라고 부른 데서 유래했다. 프랑스 모피상, 트레이더들을 통해 불린 별명이었으나 지금은 이 부족을 일컫는 말이 되었다. 지금은 라코타족이 가장 번성한 부족으로 남아 있지만 원래는 다코타족이 가장 번성했고 나코타족이 다음으로 큰 부족이었다. 현재 사우스다코타주에 있는 여덟 곳의 보호구역 중 가장 가난한 곳이 파인리지다. 파인리지 보호구역의 실업율은 80퍼센트에 이른다.

나바호 보호구역은 다른 보호구역에서 관심을 가질 만한 여러 경제적 시도를 하고 있다. 부족 농장에서 만난 여러 지도자들의 리더십은 감동적이었다.

"콩은 자정부터 수확하기 시작합니다. 그래야 햇볕에 마르지 않고 창고에서 신선하게 보관할 수 있지요."

40대 중반의 나바호 여성 라슬린 야지는 긴 머리를 감아올리고 모자를 쓴 채 하루 종일 농장 이곳저곳을 누볐다. 트럭을 세우면 어디든 흙 위에 무릎을 대고 콩을 따서 입 안에 넣어 맛을 보고, 두 손으로 흙을 비벼 보며 토양 상태를 체크했다. 그녀는 부족 농업회사 핀토 빈^{콩의 일종. 붉은색} 공장 공장장으로 대단위 농장에서 1년 동안 재배한 콩을 수확해서 외부로 내보내는 일을 하고 있다. 수십 명의 남자 일군들을 호령하며 가

워보넷은 지혜로움을
인정받아 조언하는
역할을 하는 추장,
전사의 상징이다.

을 추수기간을 바쁘게 보내고 있었다. 조금만 일정이 늦춰져도 안 되기에 모든 일과가 콩 수확을 중심으로 이루어진다. 이곳에서 재배된 콩을 비롯한 옥수수, 감자, 알팔파 같은 농작물과 목장의 소와 양 등은 모두 수출되거나 높은 가격에 팔려 나간다.

나바호 보호구역은 부족사회를 부흥하기 위해 건조한 사막 지형에서 농업을 하는 여러 나라를 둘러보고 황무지에서 농사짓는 기술을 배운 후, 보호구역에 적용될 농업 시설 계획을 세웠다. 나바호 댐을 건설하고 한 시간 반가량 떨어진 농장까지 물길을 냈다. 우리나라의 경상북도만 한 땅에 미국식 기계농업 농장을 만든 것이다. 부족 농업회사가 생기자 원주민 젊은이들은 학교를 마친 뒤 이곳에서 직업교육을 받고 공장에서 일하거나 트레일러 운전, 기계 관리 일에 종사한다.

농장에는 지름 2, 3킬로미터의 둥근 경작지가 100여 개 있는데, 각 경작지를 담당하는 엔지니어가 시간을 맞추어 농장에 물을 주고 관리한다. 경작지와 경작지 사이에

는 경작과 관리에 필요한 시설들이 들어서 있고, 농장 내 경비행기가 뜨고 내리는 곳도 있다. 현대적 시스템이 구축된 농작물 재배에서부터 포장, 수출까지 해내고 있다. 사람들이 지내는 농장 내 관리사무시설은 섬처럼 자리 잡고 있어 지도를 들고 다니지 않으면 길을 찾기가 쉽지 않다. 농작물 봉투에 적힌 'NAVAJO PRIDE'라는 문구가 눈에 띈다.

라슬린 야지는 오후 일정이 끝나면 집으로 돌아가 세 시간 정도 잠을 청한 뒤 자정부터 다시 콩 수확을 시작한다. 탱크처럼 생긴 트랙터 넉 대가 전조등을 켜고 시작한 콩 수확은 아침 8시까지 이어진다. 공장 실험실에서는 끊임없이 콩의 상태를 살핀다. 이렇게 수확한 핀토 빈의 97퍼센트를 멕시코로 수출한다. 수확은 3주일간 계속된다. 라슬린 야지는 묶인 머리를 길게 늘어뜨린 뒤 다시 묶으며 말을 이었다.

"우리 할머니가 롱 워크 때 대열에서 이탈해 다시 이곳으로 도망 왔었어요. 저 멀리 보이는 추스카 산에서 숨어 살았답니다. 어렸을 때는 할머니를 좋아했어요. 우리 할머니는 강인하신 분이셨어요."

나바호 부족은 미국의 남북전쟁 후 시작된 원주민 전쟁 당시 땅을 지키기 위해 미군과 용감히 싸웠으나 1864년 결국 항복하고 말았다. 뉴멕시코주의 보스케레돈도로 부족 전체가 집단 강제 이주를 당했다. 원래 살던 땅으로부터 500킬로미터나 떨어진 척박한 지역인데 강제 이주 뒤에 많은 원주민들이 죽었다. 고향을 떠나 '먼 길'을 가야

만 했던 이 사건을 또는 현장을 '롱 워크Long Work'라고 부른다. 이후 나바호족과 전쟁을 벌였던 카슨 장군이 해임되고 후임으로 온 셔먼 장군이 보스케레돈도는 농사를 지을 수 없는 곳임을 알고 나바호족을 살던 곳으로 되돌아가게 조치했다.

현명한 백인 지도자에 의해 나바호족은 다시 고향으로 돌아왔다. 이미 쓸 만한 땅은 백인들 차지가 되었지만 이들은 기쁨의 함성을 지르며 집으로 돌아와 예전처럼 양 떼를 키우고 농사를 지으며 살아갔다. 나바호족은 일찍이 목축을 받아들이고 농사를 짓는 농경문화를 가지고 있었다.

"저는 일에 중독된 것 같이 느껴질 때가 많아요. 정말 일이 좋고 하루 종일 일 생각만 합니다. 부족에 꼭 필요한 사람이 되고 싶어요. 부족민을 위해서 일을 잘 할 수 있으면 좋겠어요. 지금처럼 일과 함께하는 것이 좋아요."

라슬린 야지는 조상들의 방식을 이어가면서도 앞으로 부족의 나은 미래를 위해 선택한 삶을 즐겁게 받아들이고 있어서인지 웃으며 말했다. 1년 간 뜨거운 태양 아래 생겨난 수백 톤의 콩은 나바호 원주민들 손으로 수확되고 있었다.

미국 원주민 공동체의 경제적 환경은 조금씩 다르다. 가장 가난한 파인리지 보호구역의 경우 대부분의 가구가 연 2천~3천 달러의 소득으로 살아간다. 나바호족이 약 7천 달러다. 일부 카지노 사업이나 회사 운용으로 부유한 원주민 사회는 만 오천 달러가량 되기도 한다. 파인리지에서 이 정도를 받을 수 있으면 대단히 형편이 좋은 편이다. 원주민의 소득수준에 편차가 큰 이유는 대개 환경 때문인데 바다를 끼고 있는 보호구역 원주민들*은 어업에 종사해 소득원이 비교적 안정적이다. 그러나 내륙 지방의 불모지에 거주하는 부족들은 농사를 지을 수도 없어 가난과 질병으로 고통 받고 있다. 보호구역에 사는 원주민은 전체 원주민들 중 35%가량 된다. 보호구역 인근이나 도시에 사는 65%의 원주민들 또한 높은 실업률에 처해 있다. 최근에는 이들이 보호구역으로 돌아옴으로써 보호구역의 인구가 증가하고 있다. 살던 곳보다 결코 나은 환경이 아닌데도 돌아오는 이유가 무엇일까? 원주민들에게 보호구역은 어떤 의미일까?

원주민들에게 보호구역은 미국 사회 내 뿌리 깊은 원주민 차별을 피할 수 있는 마

---

* 코네티컷 피쿼왓족, 뉴욕의 오네이다족, 오클라호마의 원주민, 플로리다, 오리건주의 해안가 부족들

음의 고향이다. 보호구역 안 학교와 가끔 보이는 병원들이 이들의 삶을 지탱해 준 공
간이다. '피아 위초니^{Piya Wiconi}'* 라는 대학 시설이 들어서는 등 부족정부가 공동체를 살
리기 위해서 애쓰는 모습도 보호구역에서의 삶에 대해 기대를 갖게 한다.

　　선바위 보호구역 8천 명 공동체의 의장을 지낸 론은 독특한 혈통이다. 아버지가
한국인으로 한국전쟁 뒤 월남해서 1950년대 중반 래피드 시티의 광산학교 연구원으

* 지혜와 생활의 합성어

로 미국에 왔다. 그곳에서 한 라코타 여성과 사랑에 빠졌고 론, 즉 천둥이 태어났다. 천둥을 처음 만났던 때도 그랬는데 그의 가계도를 알게 되니 더욱 친근한 느낌이 든다. 아버지는 천둥이 태어난 뒤 얼마 지나서 어머니와 헤어져 캐나다로 갔다고 한다. 한편으로는 놀랍고 한편으로는 반가웠다. 그와 가까워지면서 많은 이야기를 나누었다. 그는 10대 때부터 오토바이광이었고 20대에 대학에서 법학을 공부했으며, 이후에 교육학으로 박사학위를 받았다. 선바위 보호구역 내 모든 학교이름을 '앉은소'로 개명했고 그의 철학, 원주민으로서의 정체성과 땅을 지켜야 하는 것을 가장 중요한 학교의 좌우명으로 삼았다. 그는 항상 여유롭고 인자하며 결연하고 유머가 있다. 말타기에 관한 그의 철학은 최근의 인터뷰에서 들을 수 있었다.

"오토바이, 글쎄요. 스무 살 때 첫 할리 오토바이를 샀어요. 그때가 1978년 10월 14일입니다. 래피드시에 가서 직접 샀지요. 열여섯 살에 처음으로 스터지스에서 열리는 오토바이 경주에 나가기 시작했어요. 그곳의 모든 오토바이가 할리였어요. 다들 그걸 소유하고 탔지요. 지난여름, 딸아이와 오토바이를 타고 전국을 동서로 횡단했는데 하룻밤은 와이오밍에서 캠핑을 했어요. 다음날 아침, 강에서 씻고 비포장 길을 달려 아침식사 할 곳을 찾고 있었는데 그때 아주 자유로운 감정이 온몸으로 밀려왔어요. 전 딸에게 '내 딸아, 내가 살아오는 동안 느낀 것 중에 지금이 가장 자유롭구나!'라고 이야기했습니다.

나는 앉은소 추장의 6대손 조카손자입니다. 원주민 방식으로 보자면 앉은소 추장의 6대 손자입니다. 아직 완벽한 결론을 얻진 못했지만 앉은소 추장이 남긴 중요한 유산의 하나는 '영적임'이라도 생각합니다. 많은 사람들이 그를 치료주술사라고 불렀지만 그것은 잘못된 명칭입니다. 그는 다른 사람을 치유한 것이 아니라 기도했고, 비전을 보고, 그것을 다른 이들과 공유했어요. 그가 죽었을 때 포트 예이츠 가톨릭 공동묘지에 묻으려고 했지만 세례를 안 받아서 그곳에 묻히지 못했습니다. 그가 살아 있을 때 가톨릭과 기독교의 교의를 많이 보고 그것 중 원주민의 가르침과 일치하는 것도 많다고 했습니다. 하지만 그는 개종하지 않았습니다. 그는 "내가 어떻게 어떤 방법으로 기도하건 그건 상관없다. 내가 기도하는 것이 이루어지는 것이 중요하다."라고 했습니다. 앉은소 추장의 영적인 유산은 우리 원주민들의 믿음이 유럽인들의 믿음과 동등한 가치를 지니고 있다는 것이었습니다.

앉은소 추장이 반대한 것은 땅을 파는 것이었습니다. 그는 죽는 날까지 땅을 파는 것을 반대했습니다. 땅 중개사들이 오면 조약에 단 한 번도 서명하지 않았고 땅을 포기하는 것에 동의하지 않았습니다. 그는 부자가 아니었습니다. 죽었을 때 작은 재산만 소유하고 있었죠. 그가 남긴 가장 중요한 유산의 하나는 우리 땅을 소유하는 것의 중요함이었습니다. 앉은소대학에서 우리는 영적인 것을 가르치지 않습니다. 우리는 행동합니다. 의식이나 영적인 것에 대해 가르칠 수는 있지만 행동하고 실천하는 것이야말로 결국에 영적임을 살아나게 합니다.

우리 대학이 일주일 여정의 말타기를 후원하는데 그것은 '영적인 말타기'입니다. 이사회로부터 시간과 경제적인 것을 보조받고 우리가 필요한 것을 준비하고 공급합니다. 12월에는 운디드니 말타기, 5월에는 전몰장병 기념일을 즈음해 '추장 기념 말타기'를 합니다. 그때 우리는 보호구역 내 추장 묘소를 둘러봅니다. 그들의 잃어버린 생명을 기리기 위함입니다. 이런 영적인 말타기는 앉은소대학 학생과 공동체에 앉은소 추장의 유산을 체험하게 하는 중요한 방법입니다. 사람들은 나에게 오토바이 탈 때와 말타기 할 때가 비슷하냐며 물어오는데 어떤 점은 비슷합니다. 다른 것은 오토바이는 좀 더 많이 갈 수 있고 귀리와 물 대신 기름이 필요하다는 겁니다."

한편으로 보호구역 근처에서는 여러 인권에 관한 사건을 목격하게 되는데 내용을 들어보면 법의 울타리는 여전히 원주민들 편이 아님을 알 수 있다. 일급 살인죄를 적용 받는 원주민과 백인의 기준에 현저한 차이가 나고 법원의 판결도 여전히 편파적임을 볼 수 있다. 나바호 지역의 칠리 야지는 백인 히치하이커를 태워주었다가 그가 쏜 총에 왼팔을 잃고 옆구리에 총상을 입어 거의 죽을 뻔했으나 그를 그렇게 만든 백인은 체포되어 겨우 2년을 복역하고 풀려났다. 칠리는 평생을 불구로 살고 있다. 최근에 파인리지에서 발생한 마크 와이즈 카버의 사건도 많은 논란을 일으키고 있다. '검은언덕의 방어자들'이라는 원주민 인권, 환경단체에서 그의 석방을 위해 백악관으로 보낸 원주민들의 편지를 보면 안타까울 뿐이다.

친애하는 대통령께,
미합중국은 최근 유엔인권위원회에 한 자리를 차지했지만 미국 내에서는 처리되어야 될 사건들이 있습니다. 마크 와이즈 카버 사건은 미국 헌법상 모든 이에게 지켜져야 할 인권이 침해된 대표적 사례입니다. 2008년 4월 29일 마크 와이즈가 연방직원이 몰던 트럭의 라지에터에 총을 쏘았습니다. 이유는 연방직원이 신분을 밝히지도 않은 채 마크 와이즈 카버 씨 소유의 땅에 무단 침입해서 트럭으로 그의 말들을 쫓았고 이를 만류하던 와이즈를 차로 치었기 때문이었습니다. 와이즈 카버는 연방직원 폭행으로 기소되었으나 12명의 연방 배심원들은 정당방위로 무죄를 선고했습니다. 그러나 리처드 베티 판사는 와이즈 카버 씨를 법정에 세워 트럭을 손상시켰다는 이유로 3년간 연방교도소 구금과 3년간의 보호관찰을 판결했습니다. 이것은 시민들을 똑같이 보호해야 하는 헌법의 평등한 보호에 위배되는 것입니다. 이것은 과잉 판결이고 무죄가 된 사건을 다시 판결한 겁니다. 이것은 파인리지 보호구역에 가해진 폭력문화에 대한 선고입니다. 와이즈 카버를 거의 죽음으로 몰고 간 연방직원은 다른 개인 소유 침범죄라든가 살인 미수에 대한 어떠한 처벌도 받지 않았습니다. 마크 와이즈 카버는 2009년 1월부터 연방교도소에 수감되어 있으며 다시 상고 중입니다. 베티 판사의 미국 정부 대 마크 와이즈 카버의 사건에 대한 결정은 모든 미국 시민들의 개인과 개인소유물 방어의 권리를 위협하고 있습니다. 그 결정은 어떤 도시건, 지역이건, 부족이건 간에 정부의 고용원이 침입하는 것을 허락하고 시민은 자신을 방어할 수 없으며 방어하면 그 방어로 인해 감옥에 가게 된다는 것을 의미합니다.

대통령님! 될 수 있는 대로 빨리 이 사건을 재조사해 주시기 바랍니다. 마크 와이즈 카버는 미국 헌법에 있는 모든 미국인을 대표하는 정치범이고 풀려나야만 합니다.

　　북미 원주민의 문제는 발견주의 원칙Doctrine of Discovery과 명백한 운명론Menifesto Destiny으로 설명된다. 발견주의 원칙은 십자군 전쟁 이후의 유럽, 특히 포르투갈과 스페인을 중심으로 해외 개척 당시 펼쳐졌다. 1450년 이후 개척이 선교와 맞물려졌다. 유럽은

이슬람에 막혀 긴 세월 동안 더 이상의 영토 개척이나 종교 전파가 차단되어 있었다. 교황청에서는 이교도의 정복에 대한 모든 권한을 공식적으로 허가했다. 이것에는 이교도와의 전쟁, 이교도의 살육이 허가되고 이교도의 모든 영토와 재산은 몰수하는 것을 의미한다. 즉 이교도는 사람이 아니라는 판단으로 정책이 시행됐다. 이들의 주장은 교황청의 회칙Pop's an encyclical letter에 아직도 명시되어 있다. 아프리카를 비롯한 모든 이교도에게 해당되는 이 회칙을 원주민들은 불태우라고 지금도 요구하고 있다.

1830년대 말, 미국 정부는 북미 대륙에서 영토 확장 정책을 본격화했다. 미국 내부에서 반대여론도 만만치 않았지만 텍사스, 오리건, 캘리포니아, 뉴멕시코, 애리조나의 땅이 이렇게 미국 영토가 됐다. 반대 여론을 잠재우기 위해서 나온 것이 명백한 운명론이다. 오늘날 미국을 만드는 바탕이 되고 원주민 말살의 원인이 된 사상이다. 그들이 영토를 지배해야 하는 것은 하느님께서 정해 놓은 일이라는 것이다. 이 두 가지가 원주민 말살과 관련된 중요한 역사이다.

미국은 기독교 선교로 이룩된 나라다. 종교의 자유를 찾아 떠나온 사람들이 세운 나라. 그들은 자유를 외치지만 노예제도를 통해 자신들의 자유를 영위한다. 버지니아는 미국 민주주의의 고향이다. 네 명의 초대 대통령 중 세 명이 이곳에서 나왔는데 노예가 가장 많은 곳이었다. 미국의 자유와 노예제도, 이 두 가지는 아주 대조적인 개념이지만 하나의 뿌리에서 시작되었음을 알 수 있다. 한쪽의 자유를 위해 다른 하나를

미래를 향한 말타기, 운디드니, 파인리지 보호구역

불구로 만드는 이민자들의 세계관, 그리고 모든 것들은 하나이며 평등하고 연결되어 있다고 생각하는 미국 원주민들의 생각, 과연 어떤 것이 앞으로의 인류를 위한 것일까?

우리가 사는 세계에서 지구와의 소통을 위한 전통적 의례나 소통의식은 더 이상 사람들에게 무의미하게 여겨진다. 하지만 이 행위들은 영적으로 인간이 지구와 소통해온 행동들이며 이 행동들은 무의미하지 않다. 원주민의 지혜로운 삶의 방식들은 여전히 중요하다. 이들은 자연과 우주의 구조 속에 친밀하게 참여하며 지금도 이 전통을 지키고 보존하려 애쓴다.

원주민들의 여러 계절 축제, 의례들, 미래를 위한 말타기여행, 부족들의 카누여행을 통해 우리가 사는 문명에 대한 반성을 하게 되고 이들의 지혜에 많은 깨달음을 얻었다. 시간이 지나 그들의 깨달음이 역사 속으로 사라지기 전에 원주민들의 자연과 우주가 하나가 된 지혜를 살펴야 한다.

웃는곰Laughing Bear, 톰 하이델버어는 1998년까지 살았다. 그는 카누부족의 가능성을 본 예견자 중 한 명으로 카누여행이 현실로 이루어지도록 지치지 않고 돕고 일했다. 톰의 에세이 『부족 사이의 해면바닷물에 관하여: 카누부족의 비전 이야기』는 2050년 카누부족 노인의 관점에서 쓰였다. 그는 다음과 같이 에세이를 끝마친다.

이제 우리는 깨달음의 카누의 길^{way}이 우리를 미래로 이끌 것이라는 꿈을 가진다. 우리의 숲은 되돌아오고 있다. 우리의 바다는 치유되고 있으며 점차 깨끗해지고 생기를 띠고 있다. 우리의 해변은 조개와 굴, 성게와 해삼, 말미잘과 불가사리로 풍부해지고 있다. 물개들은 파도에서 짖고 있다. 해달들은 해초의 숲에서 야단스럽게 놀고 있다. 해안선을 따라 차들의 소리는 점차 줄어들었고 북소리가 들린다. 한때 우리는 별을 향해 노 젓는 것에 대해 노래했었다. 이것은 오래 전에 라푸시에서 만들어진 노래로 생각되었다. 그러나 어쩌면 그것이 우리의 꿈을 부르는 것일 수도 있다. 비 힐버트가 번역한 구전 연설문에서 시애틀 추장은 별들의 영역 밖에까지 떠도는 것에 대해 말한다. 우리는 우리 세계의 바다를 헤쳐 나가며 꿈속으로 들어가고 마음과 정신이 더 커지는 것을 느낀다. 영^{spirits}은 우리를 안내한다. 어쩌면 별들로 노 젓고 나아가고 돌아오는 것은 이상한 꿈이 아닌 것이다. 이제 우리는 땅에서처럼 바다에서 많은 시간을 지낸다. 이제 우리는 자신을 위한 것처럼 가족을 위해서도 많은 시간을 보낸다. 지금 우리는 가족을 위한 것처럼 공동체와 땅을 위하여 헌신하고 있다. 이제 우리는 마치 삼목나무 카누가 험난한 바다에서 부드러운 길을 내며 환영하는 해안으로 가는 것 같은 조화로움 속에서 살고 있다. 이제 우리는 우리의 친구들과 친척들에게 해변을 공유할 수 있게 해 달라고 허락을 요청한다. 이제 우리는 언제나 그랬던 것처럼 카누를 대고 노래하고 춤추도록 초청된다.

제4세계와의

와의

Close Encounters of the Fourth World

조우

초판 1쇄 인쇄 2012년 2월 20일
초판 1쇄 발행 2012년 2월 29일

글 · 사진 손승현

펴낸곳 지오북(**GEO**BOOK)
펴낸이 황영심
편집 전유경, 김민정

기획 강응천
표지디자인 AGI
본문디자인 박수야

주소 서울특별시 종로구 사직로8길 34, 1321호
(내수동 경희궁의아침 3단지 오피스텔)
Tel_02-732-0337
Fax_02-732-9337
eMail_geo@geobook.co.kr
www.geobook.co.kr

출판등록번호 제300-2003-211
출판등록일 2003년 11월 27일

글 · 사진 ⓒ 손승현 2012
지은이와 협의하여 검인은 생략합니다.

ISBN 978-89-94242-13-2 03940

이 도서의 국립중앙도서관 출판시도서목록(CIP)은 e-CIP홈페이지(http://www.nl.go.kr/ecip)와
국가자료공동목록시스템(http://www.nl.go.kr/kolisnet)에서 이용하실 수 있습니다.
(CIP제어번호: CIP2012000916)